ESSAI HISTORIQUE

SUR

ORNANS

PAR

LE D' J. MEYNIER

Médecin major de première classe à l'hôpital militaire de Versailles
Membre de l'Académie de Besançon et de la Société d'Émulation du Doubs
Chevalier de la Légion d'honneur

PREMIER FASCICULE

(Origine à 1566)

BESANÇON

IMPRIMERIE DODIVERS ET Cie, GRANDE-RUE, 87

1891

ESSAI HISTORIQUE

SUR

ORNANS

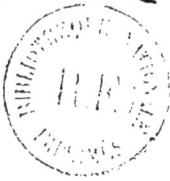

PAR

LE Dr J. MEYNIER

Médecin major de première classe à l'hôpital militaire de Versailles
Membre de l'Académie de Besançon et de la Société d'Emulation du Doubs
Chevalier de la Légion d'honneur.

BESANÇON

IMPRIMERIE DODIVERS ET Cie, GRANDE-RUE, 87

—

1889

Extrait des Mémoires de la Société d'Emulation du Doubs. Séance des 12 décembre 1888 et 13 avril 1889.

ESSAI HISTORIQUE SUR ORNANS

ORIGINE ET PÉRIODE PALATINE

CHAPITRE PREMIER

Antiquité d'Ornans. — Origine burgonde. — Monuments mégalithiques. — Lieux-dits. — Obscurité de son histoire jusqu'au XIIIᵉ siècle. — Première mention. — Ornans mouvance de Salins. — Partages de Bourgogne et de Vienne. — Ornans terre domaniale.

Ornans ne peut, comme certaines villes du voisinage, revendiquer une origine fabuleuse se perdant dans la nuit des siècles. Il est même douteux qu'avant l'invasion de la Séquanie par les Burgondes, la haute vallée de la Loue ait été habitée, ou, du moins, l'existence d'une localité importante sur son territoire n'est-elle établie par la découverte d'aucun vestige de constructions antiques, d'aucun objet des âges préhistoriques ou classiques. Le pays où la Loue et le Lison, confondus, à l'époque de la domination romaine, sous le nom de *Lucinus*, prennent leur source, était probablement encore couvert de forêts, comme la plus grande partie de l'ancienne Gaule. Le nom germanique d'Ornans (*Hunnincum*, de *Hunninge*, domaine du *Hun*) indique que la ville doit sa fondation à une colonie barbare. La forme romane de ce nom a été, pendant longtemps *Hounans, Ounans,* ou *Honnans, Onnans,* qui est encore usitée en patois. La forme *Ornans,* qui a prévalu, est due à l'intercalation accidentelle d'une *r*, comme dans *borne* pour *bonne* (de *bodena*, *bonna*), dans *hurler* pour *huller* (*ululare*), intercalation qui n'était pas rare dans l'ancienne langue et dont il reste quelques traces dans la langue moderne [1]. Le village d'*Onans*, contrairement à ce qui a eu lieu pour son homonyme latin, après s'être longtemps appelé *Ornans*, a repris la forme primitive de son nom.

Qu'Ornans ait existé ou non avant la conquête bourguignonne, il n'en est pas moins certain que son territoire présente à la curiosité des archéologues des monuments mégalithiques. Les grandes pierres du *Bois-Brulé*, aujourd'hui couchées sur le sol, ont incontestablement formé un *cromlech*' ou cercle de pierres [2] ; leur situation relativement les unes aux autres le prouve d'une manière indiscutable. La *Combe Menvierge* (*Men*, pierre, *vergh*, chef ; pierre des chefs), qui fait face au plateau du *Bois-Brulé*, possédait autrefois un *dolmen* [3] aujourd'hui disparu. Le plateau des *Compas* (*Kwompas*, cercle) doit peut-être son nom à l'existence d'un ou plusieurs *cromlech*'. Le vallon de *Membouque* (*Men*, pierre, *bouc* [4], bouc), est ainsi appelé d'un *menhir* ou pierre levée, qu'on nomme, de nos jours la *Roche des dix heures*. Enfin, on trouve sur ce territoire des chemins pavés de la plus haute antiquité. Un de ces chemins conduit à la terrasse qui termine, au nord-ouest, la montagne de *Châtillon*, terrasse que deux fossés taillés dans le roc ont convertie en une sorte de *castrum*.

Les plus anciens lieux-dits, après ceux que nous venons

---

(1) L'*r* suivi d'une consonne paraît avoir été antipathique à nos ancêtres des premiers siècles du moyen âge. Certains mots d'origine latine, comme *cornu*, corne, l'ont perdu momentanément à cette époque. On avait traduit *cornu* par *coune*, *conne*. On dit encore en patois : *Las counes di diale*, les cornes du diable.

(2) *Kroum*, courbe, *lech* ; pierre sacrée.

(3) *Dol*, table, *men*, pierre ; table de pierre.

(4) On sait que le bouc était consacré à Teutatès.

de citer toutefois, remontent à la période burgonde. Ce sont :
Auldevoige ou *Audevoige* (*Alt,* vieux, *weg,* chemin), longé
par une voie qui, du fond du vallon de *la Peusse,* se diri-
geait sur la cluse de Maillot (1); *Cornbouche* (*Horn,* roche,
busch, bois), nom de la hauteur que couronne le *Bois-Gou-
gniot ;* les *Oyes* ou *Oues Dammartain, Menon, Perrenot,* ou
autres (*Auc,* prairie parcourue par une rivière) ; et les
Voisses (*Wiese,* prairie). Les autres appartiennent tous, par
leur origine, à la moyenne ou à la basse latinité. Les principaux sont : *Barmot* (*Balmeta,* petite grotte), les *Barrères*
(*Barrariæ,* barrières) (2), les *Beuges* (*Bugia,* pâturage), le
Biez-de-Leugney (3) (*Bezium,* ruisseau), le *Chanêt* (*Casne-
tum,* chênaie), le *Charmeux* (*Carpinosum,* de *carpinus,*
charme), *Charmont* (*Calvus mons,* mont dénudé), *Châtel-
Perrin* (*Castellum,* dim. de *castrum*), le *Châtelet* (*Castel-
letum*), *Châtillon* (*Castellio*), *Chauveroche* (*Calva roca,*
roche nue), *Chaux* (*Calma,* lieu inculte), *Combe-Chichy,
Combe - Chirey , Combe Corpus* (4), *Combe - Menvierge,
Combe-Pellerin* ou *Combe-au-Prévot , Combe-la-Por-
tière* (5) (*Cumba,* petite vallée), les *Douves* (*Doga* ou *doha,*
source), *En-Ahain* (*Ahan,* montée), *En-Erichaux* (*Herici
calma,* la *Chaux d'Héry*), *En-Ully* ou *Eulley* (6) (*Ovilia-
cum,* d'*ovile,* bergerie), les (*Epoisses* (*Spissum,* fourré),
les *Essarts d'Ully,* les *Essarts-Sanderin* (*Exsartum,* champ
défriché), l'*Etaulet* (*Stabuletum,* la petite étable), *las Fas-
cles* (*Fasculi,* bouquets de bois), la *Fin-du-Tremblois* (*Finis,*
territoire, et *Tremuletum,* tremblaie), le *Fourtueux* (*Fores-
tulum,* petit bois), la *Foinèche* (*Fænagia,* de *fænum,* foin),

---

(1) Elle se perd actuellement sur le territoire d'Amathay-Vésigneux.

(2) On trouve dans ce point des vestiges de retranchements.

(3) *Lugduniacum,* ancien nom de la montagne de la Soue.

(4) Où eut lieu, en 1638, une entrevue du colonel *Corpus,* de l'armée
du duc de Lorraine, avec les notables d'Ornans.

(5) Cette combe donne entrée au nord, sur le territoire de la ville.

(6) Vulgairement *En-Nahin, En-Nérichaux, En-Neully.*

la Froidière (*Frigidaria*), la Grange (*Granica*), la *Garenne* (*Warenna*, réserve de chasse), *Gradion* (*Gradio*, de *gradus*, gradin), *Layer* (*Lacarium*, bassin), les *Hages* (*Haga* haie, enclos de haies) [1], *Narbey* (*Nigrum bezium*, biez noir), *Onchaux* (*En-Chaux*), l'*Onnaige* (*Ondagium*, remous), l'*Oray* [2] (*Orata*, lisière d'un bois, *d'ora*, bord), la *Peusse* (*Pissa*, *pisse*, cascade), la *Planche-Thomas* (*Planca*, petit pont), les *Prés-Perrenot* (*Prâta*), le *Puy du Château* (*Podium Castelli*), les *Vannes* (*Venna* [3], claie, enclos de claies), la *Vaux* (*Vallis*), *Vinchaux* (*Vini calma*), *la* Vretagne (*Vertania*, hallier).

Une obscurité profonde, au milieu de laquelle aucun document ne vient jeter la moindre lueur, règne sur les origines de la ville actuelle que l'on trouve, au XII° siècle, assise sur les bords de la Loue. Le premier acte où il en est fait mention, encore est-ce d'une manière tout à fait accidentelle, est une charte de l'abbaye de Buillon que l'on rapporte à l'année 1151. Morard, prêtre d'Ornans [4], y figure comme témoin d'une donation de Humbert de Scey, des fils de Raalde de Scey et de ceux de Hugues de Fertans à cette abbaye. Grâce à l'intervention de Gauche III, sire de Salins, ces seigneurs font remise au monastère de Sainte-Marie de Buillon d'une somme dont il leur était redevable. Il faut aller ensuite jusqu'en 1230 pour retrouver le nom d'Ornans. Cette fois, il est directement cité. Il s'agit de cet acte célèbre par lequel les familles de Méranie et de Châlons s'unirent, acte qui rendit, pour un temps, la paix au Comté de Bourgogne. Le traité de mariage d'Alice de Méranie et de Hugues de Châlon assigne à la future six cent livrées de terre sur la

---

(1) Par extension, léproserie. Il y en a eu une en cet endroit.
(2) Ou Loray.
(3) Ou Benna.
(4) « ... *Morardus presbyter de Ornens...* » V. Guillaume, *Sires de Salins*, t. I, p. 48.

terre domaniale de Colonne ou, à son défaut, sur celle
d'Ornans (1).

Cependant, Ornans existait avant le XIIᵉ siècle ; mais,
confondu, dès l'origine, avec les mouvances de Salins (2),
dont il a suivi toutes les vicissitudes, il n'est cité nominati-
vement ni dans la donation du roi de Bourgogne, Saint-
Sigismond, à l'Abbaye d'Agaune, ni dans l'acte d'inféodation
de cette seigneurie à Albéric de Narbonne par Meynier,
prévôt de l'abbaye, ni dans les divers actes d'hommage des
sires de Salins à cette abbaye (3). La partie de la seigneurie
d'Ornans qui appartenait, comme le Bourg - Dessus de
Salins (4), à la branche cadette ou *de Vienne* de la famille de
nos comtes ⟨5⟩, fût cédée, avec ce bourg, à Hugues IV, duc
de Bourgogne, par Marguerite de Vienne (1224) (6). C'est pour
recouvrer cette portion de seigneurie que Jean de Châlon
abandonna, en 1237, à Hugues IV, la vicomté d'Auxonne, le
fief de Saint-Seine et celui de Chaussin, en échange de Bracon, d'Ornans (*Honnans, Hounans*), de Vuillafans (*Villauf-
fans*) et du château des Clées (7) (*Esclaies*) (8). Nous verrons
plus tard que ce ne fût pas, comme on pourrait le croire,
pour la réunir à celle que Hugues, son fils, possédait du chef

---

(1) « .... *in castro nostro quod dicitur Ornans....* » — V. CHEVALIER,
Poligny, t. I, pr. p. 343, — et GUILLAUME, *loc. cit.*, t. I, pr. p. 119.

(2) *Bracum et quidquid in Salinis habere videtur... cum omnibus
appendiciis...* » V. GUILLAUME, *loc. cit.*, t. I, pr. p. 5 et 6, — et DUNOD,
Comté, t. II, p. 596.

(3) V. GUILLAUME, *loc. cit.*, t. I, pr. p. 5, 25, 91, 101, et 145, — et DUNOD,
loc. cit., t. II, p. 596-98.

(4) Appelé aussi *Bourg-le-Sire* par opposition avec le *Bourg-Dessous*
qu'on appelait aussi *Bourg-le-Comte*.

(5) Ces deux seigneuries avaient été partagées en 1127, après la mort de
Guillaume-l'Enfant, par le comte Raynaud III et son frère Guillaume,
comte de Vienne et de Mâcon.

(6) V. DUNOD, *loc. cit.*, t. I, p. 439, — et GUILLAUME, *loc. cit.*, t. I,
p. 260.

(7) Canton de Vaud, Suisse.

(8) V. GUILLAUME, *loc. cit.*, t. I. pr. p. 124-28.

de sa femme, Alice de Méranie. Jean de Châlon était bien trop féodal pour avoir la pensée de reconstituer une terre domaniale !

Les officiers municipaux d'Ornans avaient donc raison d'écrire, en 1753, à l'Académie royale de Besançon (1) que leur ville existait à l'époque du premier royaume de Bourgogne et qu'elle avait été du domaine des rois, puisque l'un d'eux avait pu en disposer en faveur de l'abbaye d'Agaune. « Albéric de Narbonne et le comte Létalde son fils, devenus propriétaires de la seigneurie d'Ornans (2), la transmirent à leurs successeurs, comtes de Bourgogne, qui en jouirent jusqu'au comte Guillaume III, surnommé l'Enfant, mort sans postérité, auquel succédèrent Renaud et Guillaume ses oncles. Renaud, comme aîné, fût comte de Bourgogne et Guillaume fût comte de Vienne, de Mâcon et d'Auxonne (3) …» Mais, contrairement à ce qu'avançaient les officiers municipaux, Guillaume n'eût pas en son partage toute la seigneurie d'Ornans. Il est certain, en effet, qu'elle fût partagée entre les deux frères. Gérard, fils de Guillaume (4), comte de Vienne, transmit la *part de Vienne* à Marguerite sa fille

---

(1) *Mémoire historique sur la ville d'Ornans.* Il porte les signatures de « MM. les Suppots du magistrat, qui sont : MM. Adrien-Charles Verdy, maire, Pierre-Ignace Saulnier, avocat, premier échevin, Augustin Teste, avocat, second échevin, Joseph Bailly, troisième échevin, Adrien-Charles Doney, lieutenant particulier au bailliage, Simon Roussel, conseiller-assesseur au bailliage, Benoît Doney, conseiller-assesseur au bailliage, Claude-Ambroise-Bruno Dupuy, procureur du roi au bailliage, Guyot de Vercia, avocat, Jacques-Fr. Vieille, avocat, Jacques-Fr. de Ramey, avocat, Jean-Fr. Coste, procureur au bailliage, Cl.Fr. Grimont, secrétaire.

(2) Il n'est pas probable que Létalde l'ait eue en entier, pas plus que la seigneurie de Salins qu'il partagea avec son frère Humbert, tige de la première maison de Salins. La terre d'Ornans a même dû être partagée en trois un moment, c'est-à-dire entre le partage de 1127 et le mariage de Gérard de Vienne et de Maurette de Salins (1175).

(3) *Mémoire historique sur la ville d'Ornans.*

(4) Son autre fils était Etienne, vicomte d'Auxonne, tige de la maison de Chalon. Guillaume avait eu ces deux fils de Poncette de Traves.

« mariée en premières noces à Guillaume de Sabrans, comte
de Forcalquier, et en secondes noces à Josserand Gros, sire
de Brancion, renommé dans les croisades [1] ». L'échange
de 1237 établit que Marguerite relacha cette part, avec Bracon
et d'autres fiefs à Hugues IV, duc de Bourgogne, qui lui céda
l'équivalent en belles terres du duché qu'elle joignit au
patrimoine de Josserand son mari. « Jean comte en Bourgogne et de Châlon, petit-fils d'Etienne, comte en Bourgogne,
possédait le comté d'Auxonne du chef de son père et celui
de Châlon du chef de sa mère Béatrice de Châlon. Ces
comtés étaient à la bienséance du duc de Bourgogne qui
engagea le comte Jean de les lui céder [2]. »

On voit qu'il ne nous a pas été possible, bien qu'il dût en
coûter à notre amour-propre local, de conserver l'illusion
qu'Ornans a toujours constitué, invariablement et dans son
intégrité, une terre domaniale. Comment admettre déjà
qu'une terre domaniale ait fait si peu parler d'elle pendant
un si long temps, pendant une période de près de huit
siècles ? Mais ce qui a surtout contribué à nous convaincre
qu'il n'en était rien, c'est qu'il fallait encore, pour l'admettre,
éliminer de notre histoire un acte aussi important que celui
de 1237 ! Enfin, comment supposer (et pourtant on l'a fait !)
comment supposer que Jean de Châlon ait pu accepter, en
échange d'Auxonne, de St-Seine et de Chaussin, les villages
d'Ounans et d'Ecleux (je ne parle pas de Vuillafans !), que
Hugues IV, d'ailleurs, n'a jamais possédés ? Non Ornans a
d'abord fait partie de la seigneurie de Salins, et nous verrons
que sa liberté n'a pas eu beaucoup à souffrir d'une subordi-
nation qui paraît si humiliante à aucuns. Quant à son partage
temporaire, il est d'autant plus facile à admettre qu'Ornans,
comme Salins et Lons-le-Saunier, a été longtemps partagé
en deux bourgs, le *Bourg-Dessus* et le *Bourg-Dessous*.

---

(1) *Mémoire historique sur la ville d'Ornans.*
(2) *Ibid.*

CHAPITRE DEUXIÈME

Maison de Chalon. — Alice de Méranie et Hugues de Chalon. — Franchises.
— Mort de Hugues. — Deuxième mariage d'Alice. — Son testament. —
Othon IV et Mahaut d'Artois. — Traité de Vincennes. — Révolte des
hauts barons. — Sac d'Ornans. — Mort d'Othon. — Aumône de Mahaut.

L'année 1237 est une des plus mémorables de l'histoire
d'Ornans. Bien que Hugues de Châlon n'ait succédé à son
beau-frère le comte Othon III qu'après la mort de celui-ci
(1248) [1], on peut dire que cette ville appartint dès lors au
souverain. Le duc de Méranie, mêlé aux troubles qui mar-
quèrent, en Allemagne, les dernières années du règne de
Frédéric II, semblait avoir oublié son comté de Bourgogne,
où Jean de Châlon dominait, au nom de son fils ainé, en
véritable souverain. Dans son désir d'arriver au pouvoir, la
famille de Châlon n'avait pas attendu la mort du dernier des
Méraniens [2], et, voyant ce prince engagé sans retour dans
les guerres d'Allemagne, proscrit à la fois par le sacerdoce
et par l'empire, elle avait pris hardiment sa place de son
vivant. Double usurpation, puisque l'héritière d'Othon III
n'était pas Alice, mais sa sœur Béatrice, comtesse d'Orlemunde ! Mais le comté de Bourgogne était si las des Alle-
mands et le crédit de Jean de Châlon était si grand, qu'elle
passa, pour ainsi dire, inaperçue.

Jean de Châlon a dû, dès 1237, disposer, en faveur de son
fils Hugues, de sa part de la ville d'Ornans ; car c'est Hugues
et sa femme Alice qui, peu d'années après, déclarèrent les
habitants libres et francs de toute servitude et exaction [3]. On

---

(1) En principe seulement, ainsi qu'on va le voir.

(2) Othon III mourut empoisonné, puis assassiné par Hérold de Haag,
dans son château de Niestin.

(3) « ... *liberi... et quieti ab omni servitute et exactione in perpe-*

peut croire que l'acte de 1224 fût inspiré par celui qui, le premier a proclamé hautement que la liberté, en peuplant le sol, devenait un gain pour celui qui l'accordait (1). Il est vrai que les termes de ce document permettent de douter qu'on puisse le considérer comme la charte des franchises d'Ornans. Il semble, en effet, ne concerner que les habitants du château, qui lui servait de principale défense, à moins que, par le mot de *castrum*, on ait voulu entendre la châtellenie tout entière. Sans vouloir, comme on l'a prétendu, qu'Ornans n'ait jamais eu besoin de demander la liberté à personne, car il n'est permis à aucune de nos villes, pas même à la cité de Besançon, d'avoir une pareille prétention, nous pensons qu'il la possédait depuis longtemps déjà. Tous les souverains de la Franche-Comté ont reconnu, à leur avènement, « toutes les libertez, franchises, privilèges et bons usages et coustumes en lesquelz (2) » leurs devanciers avaient toujours gardé les habitants d'Ornans. Dans un titre de 1382, dont les archives d'Ornans possèdent une copie, on trouve ce passage précieux d'un titre plus ancien appartenant à la langue du commencement du XIII° siècle : « Que touttefois que ly » contes de Bourgoingne vient nouveaulx au pays, il est tenuz » de jurer et promectre à tenir les dictz privilèges... (3) » Nous verrons par la suite quels étaient ces privilèges.

Ornans fût assez heureux sous le règne de Hugues et d'Alice, qui paraissent avoir résidé souvent au château, où

tuum... » — V. *Docum. inédits sur l'hist. de la Franche-Comté*, t. III, p. 528-9.

(1) V. la charte des franchises octroyées au Bourg-Dessus de Salins par Jean de Chalon, en 1249, in GUILLAUME, *Sires de Salins*, t. II, pr. p., et CHEVALIER, *Poligny*, t. I, p. 345.

(2) Charte de la comtesse Marguerite de France, octroyée à Quingey le 9 août 1363. (*Archives d'Ornans*, tit. *Franchises et privilèges*)

(3) Reconnaissance des franchises et privilèges de la ville d'Ornans par Ancel de Salins, sire de Montferrand, Josse de Halalwin, Humbert de la Platière et Henry de Donzy, conseiller du comte Louis de Male, commis à la visite de ses terres de Bourgogne, de Champagne et du Nivernais. (*Ibid.*)

naquit et fût baptisé leur fils aîné Othon IV. Hugues mourut jeune , en 1266 ; il était alors âgé de cinquante-un ans. C'était, dit un de nos historiens (1), un prince bon, mais d'un esprit médiocre, du reste tendrement attaché à sa femme qui le rendit père de douze enfants. C'est à cette affection autant qu'à la défiance que lui inspirait le caractère léger de son successeur présomptif Othon, Othe, ou Othenin, qu'il faut attribuer l'abandon qu'il fit à la comtesse Alice de ses biens et de la direction de sa famille (2). La seigneurie d'Ornans ne fut pas divisée de nouveau ; quant au palatinat de Bourgogne, il appartenait à la comtesse qui le conserva jusqu'à sa mort.

Alice restait veuve en face d'une situation pleine de périls, attaquée à la fois par le comte de Champagne qui lui disputait la garde de l'abbaye de Luxeuil et par le duc de Bourgogne qui avait obtenu de la comtesse d'Orlemunde la cession de ses droits trop réels sur le comté de Bourgogne. Dans cette extrémité et bien que mère de douze enfants, elle se décida à épouser Philippe de Savoie, que son frère Pierre, dit le Petit-Charlemagne, conquérant du Pays de Vaud, avait désigné pour son successeur. Après dix-huit mois d'hostilités, au cours desquelles Hugues IV ne sût prendre aucune des places du comté, Alice et Philippe jugèrent prudent de composer avec l'ennemi. Rodolphe de Habsbourg venait de reprendre à Philippe toutes les conquêtes de son frère et menaçait ses états héréditaires. Onze mille livres viennoises furent comptées au duc, et Alice alla, à Saint-Jean de Losne, lui faire hommage pour son château de Dôle.

La pauvre palatine mourut en 1279. Par son testament, en date du mois de novembre 1278 (3), elle léguait à son fils aîné, Othon IV , le comté palatin de Bourgogne , mais

---

(1) Ed. CLERC, *Franche-Comté ancienne et moderne*. t. I, p. 442.
(2) V. son testament dans CHEVALIER, *loc. cit.*, t. II, p. 656.
(3) V. dans DUNOD, *loc. cit.*, t. II, p. 602.

« Ornans et la chastellerie » étaient donnés, avec d'autres terres importantes, à son fils Renaud qui avait épousé l'héritière de Montbéliard. Cette dernière disposition ne fut heureusement pas exécutée par ses enfants et le comte Othon IV conserva la seigneurie domaniale d'Ornans, où il fixa sa résidence, ainsi que le prouvent les nombreux actes qu'il y donna. Une transaction était intervenue entre les deux frères, à Besançon, dès le mois de juin 1279. Renaud renonçait au domaine d'Ornans et recevait en échange les seigneuries de Montfleur et dépendances , Dramelay , Puymorin, Marigny (*la gaigerie et fief de Marigney*), Montaigue et dépendances quelles qu'elles fussent à Lons-le-Saulnier (*Laons*), ou ailleurs, Sellières (*Salières*), le Pin et Binand [1].

Othon s'était marié en premières noces à Philippine de Bar qu'il perdit de bonne heure. Il épousa, en 1285, Mahaut ou Mathilde, fille de Robert, comte d'Artois, qu'il avait connu dans les Deux-Siciles. Cette princesse, beaucoup plus jeune que son mari , prit sur lui le plus grand empire. C'est à elle surtout qu'il faut attribuer la tendance de ce faible prince à se rapprocher toujours de la France, tendance qui devait le brouiller avec l'Empire et finalement le jeter dans les bras de Philippe-le-Bel. Othon IV et Mahaut d'Artois affectionnaient le château d'Ornans et comblaient les habitants de la ville de faveurs et de bienfaits. Malheureusement leur fâcheuse politique devait attirer, sur leur séjour de prédilection , des calamités hors de proportion avec tous ces biens. Le funeste traité de Vincennes (1295), qui livrait la Franche-Comté au roi de France, déchaîna sur ce pays une effroyable tempête. Les seigneurs franc-comtois, à l'instigation du baron d'Arlay, entrèrent dans une ligne formée contre Philippe-le-Bel par l'Empereur, le roi d'Angleterre et le comte de Flandres. Les confédérés étaient Jean de Châlon,

---

(1) V. CHEVALIER, *loc. cit.,* t. I, pr.

comte d'Auxerre, et Jean de Châlon-Arlay, les deux frères
du comte de palatin, Renaud comte de Montbéliard, Jean de
Bourgogne., Jean, sire de Montfaucon, Gauthier de Montfaucon, son frère, Aymon, sire de Faucogney, Thiébaud, sire
de Neufchâtel, Humbert, sire de Clairvaux, et les sires de
Gex, d'Oiselay, de Joux, de Château-Villain, de Montbéliard-
Montrond, de Corcondray et d'Arguel. Hors d'état, en dépit
d'alliances en apparances formidables, de s'emparer d'aucune
des places importantes du domaine, la fureur des barons
révoltés s'abattit sur Clerval, Ornans et Pontarlier. Les
châteaux des deux premiers et l'*aula* ou salle de Pontarlier
furent enlevés de vive force et détruits. Le château d'Ornans,
« où était né le comte Othon, fut renversé de fond en comble
et nivelé aux fossés, comme pour anéantir le berceau du
premier auteur des malheurs du pays [1] ». Il fallut cinq ans
pour les réduire, à cause de la multiplicité de leurs châteaux,
et Philippe-le-Bel dut y employer, avec ses armes victo-
rieuses, toutes les ressources de son astucieuse politique.
La paix ne fut conclue qu'en 1301 ; le roi de France, qui avait
tout intérêt à ne pas réduire ses adversaires au désespoir, se
contenta d'imposer aux confédérés le rétablissement des châteaux de Clerval et d'Ornans et de la salle de Pontarlier l'hom-
mage-lige de leurs fiefs. Il s'engageait, en retour, « à conserver leurs bons us et coustumes [2]. »

Othon IV mourut le 27 mars 1303, des suites d'une bles-
sure reçue à la bataille de Cassel. Il était comte d'Artois
depuis l'année précédente. « La mort du comte Othon, dit
» un mémoire déjà cité [3], qui suivit de près le sac d'Or-
» nans renouvela la douleur des habitants ; ils perdirent en
» lui un grand protecteur et un insigne bienfaiteur [4]. »

_____

(1) V. Ed. Clerc, *loc. cit.*, t. I, p. 504.
(2) V. Guillaume, *loc. cit.*, t. I, pr. p. 58.
(3) *Mémoire historique sur la ville d'Ornans.*
(4) Les auteurs ajoutent que les habitants d'Ornans, indemnisés par les
hauts barons, reconstruisaient alors leurs maisons ; « mais peu le firent

Après la reconstruction du château d'Ornans, la comtesse Mahaut y fixa de nouveau sa résidence. Touchée des malheurs dont une guerre, aux causes de laquelle elle n'était pas étrangère, avait accablé les habitants d'Ornans et ceux de Scey [1], la charitable châtelaine eut recours, pour les soulager, à des procédés moins radicaux que ceux dont elle aurait usé, d'après une absurde légende, à l'égard des pauvres de sa terre d'Arbois [2]. Par une charte datée du 20 décembre 1320, dont l'original en latin est encore aux Archives d'Ornans, elle fit don à ces malheureux d'une somme de trois cents livres petits tournois assignées sur son puits de Salins. Les revenus de cette somme, à la distribution desquels elle commettait les curés et châtelains, ou, à leur défaut, les prudhommes des deux localités, devaient être employés à l'achat d'étoffes *(de pannis et burellis)* et de souliers *(solulares)*. Cette charte, connue à Ornans sous le nom d'*Aumône générale de Madame Mahaut*, est curieuse à plus d'un titre. Nous nous contenterons de remarquer, en passant, que la terrible guerre de 1295-1301 avait réduit à la mendicité jusqu'à des gentilshommes d'Ornans et de Scey, car les libéralités qu'elle ordonne, devaient s'étendre aux nobles comme aux roturiers *(pauperes tàm nobiles quàm ignobiles)*. Les volontés de Mahaut ont été exécutées jusqu'au commencement du siècle dernier. Considérable à l'époque de sa fondation, cette aumône ne montait plus alors qu'à la faible somme de 11 livres 17 sols, grâce à la dépréciation énorme de l'argent. Cette petite somme fut jointe, en 1722, aux revenus de

---

dans la ville basse; ils prirent des engagements avec les gentilshommes d'Ornans, qui leur vendirent ou abandonnèrent des terrains dépendant de leurs meix, où ils firent construire des maisons depuis la porte qui est du côté de Besançon jusqu'au meix d'Andelot, et qui forme à présent la grande rue. »

(1) « *Tàm de Ournans quam de Cis...* »
(2) V. Gollut, *Mém. rép. séq.*, p. 485-6.

l'hôpital [1], qui en jouit encore en vertu de ses lettres
d'institution [2].

---

(1) « ... toutes les aumônes de fondation... seront et appartiendront audit
hôpital... » (Lettres d'institution de l'hôpital d'Ornans.)

(2) V. MARLET, *Ornans en Franche-Comté de Bourgogne,* ouvrage
manuscrit, aux archives de l'Académie de Besançon.

CHAPITRE TROISIÈME

Maison de France. — Jeanne II et Philippe le Long. — Première (1335) et deuxième (1345) aliénation d'Ornans. — Jeanne III et Eudes. — Philippe de Rouvres. — Incendie d'Ornans par les Routiers. — Perte des anciennes archives. — Marguerite. — Louis de Male.

On croit que Mahaut et la comtesse Jeanne II, sa fille, moururent empoisonnées par des émissaires de leur parent Robert qui leur disputait le comté d'Artois (1329 et 1330). Ornans connut peu Jeanne, qui, depuis la mort du roi Philippe-le-Long habitait surtout le château de Gray ; mais il n'a pas oublié que cette princesse et son mari s'étaient associés à l'aumône de Mahaut (1). Jeanne II avait, d'ailleurs, hérité de la charité de sa mère, et, comme elle, voulut faire du bien même après sa mort. C'est à elle qu'on doit la fondation du *Collège royal de Bourgogne*, dont la dotation, réunie, en 1764, à celle du Collège Louis-le-Grand, a été fondue, en 1804 avec celle du Prytanée militaire. Mahaut d'Artois est la dernière personne de la famille souveraine qui ait résidé à Ornans ; mais les successeurs de son mari le visitèrent souvent et y attachèrent un prix tout particulier. S'ils furent, en effet, plusieurs fois dans la nécessité d'aliéner ou d'engager ce beau domaine, ce ne fut jamais que pour en recouvrer le plus tôt possible la possession et cela au prix des plus grands sacrifices.

La première aliénation qui fut faite d'Ornans fut une des tristes conséquences de la guerre de 1335 ou *guerre de Châlon* (2). Ornans, qui avait déjà beaucoup souffert de la

---

(1) « ... *quas (libras) excellentissimus princeps et dominus noster carissimus Philippus, Dei gratia Francie et Navarre rex illustris, et carissima filia nostra Johanna eadem gratia dictorum regnorum regina nobis in perpetuum dederunt ac concesserunt...* »

(2) On l'a appelée aussi *guerre de Châtelguyon.*

2

guerre qui suivit l'ouverture du testament de Jeanne II, vit son château donné par Jeanne III et le duc Eudes IV de Bourgogne, son mari, à Jacques d'Arguel, qui, presque seul des hauts barons, avait suivi sa bannière. Ce château était donné à Jacques « en la récompensation de son chastel d'Arguel et de ses appartenances qu'il avait piéça perdu… » Jean de Châlon avait pris et brulé la forteresse de son vassal qui l'avait défié. Mais ce n'était qu'une cession provisoire et, dès 1338, nos souverains reprirent au sire d'Arguel le château d'Ornans et lui donnèrent en échange celui de Colonne (1). Il est à croire qu'Ornans eut à souffrir de la *guerre de Cicon*, au cours de laquelle Châlon-Arlay, pressé par les armes du duc, se jeta dans son voisinage et enleva les châteaux de Durfort et de Cicon ; mais il n'est rien resté de positif à cet égard. La dernière révolte des vasseaux, qui débuta par la prise de *l'aule* de Pontarlier, ne paraît pas l'avoir intéressé directement. On sait que cette révolte fut suivie, peu de temps après, de la mort du duc.

Rien ne prouve qu'Ornans ait eu à souffrir de l'invasion des deux Bourgognes par les Anglais pendant la minorité de Philippe de Rouvres (1357).

Mais il est certain qu'il fut pillé et incendié par les Routiers qui inondèrent les deux provinces après le malheureux traité de Brétigny (1360). Ce traité avait rendu inutiles les bandes armées qui secondaient les armées régulières. Après avoir épuisé la Champagne et la Bourgogne ducale, elles s'étaient jetées dans les plaines du Comté, s'établissant dans plusieurs lieux fortifiés, d'où elles faisaient irruption dans les villes et les campagnes voisines. Mais elles ne s'étaient pas encore aventurées dans les montagnes d'un accès plus difficile et dont les pauvres ressources tentaient moins leur rapacité, lorsque le duc Philippe qui contestait à sa tante Marguerite, fille de Philippe-le-Long,

---

(1) V. aux Archives du Doubs, *Inv. Ch. des Comptes*, B. 1064.

la possession du Comté, les appela à son aide et généralisa leurs ravages. C'est à un de leurs chefs les plus hardis, Jean de Bollandoz, dit Brisebarre, qui tint pendant plusieurs mois le château de Scey (1363) et fit de nombreuses incursions dans les environs, qu'il faut attribuer le nouveau sac d'Ornans. D'après le mémoire des officiers municipaux, c'est alors qu'auraient péri « les anciens titres de la ville... et les chartes des comtes et comtesses de Bourgogne qui accordaient aux bourgeois... des privilèges et des exemptions.... Les bourgeois recoururent à Marguerite... pour en obtenir la confirmation. Cette princesse déclara, par une charte du 9 août 1363, qu'elle promettait par serment « de tenir et » garder les habitants et sujets de ses ville et château » d'Ornans dans toutes les libertés, franchises, privilèges, » bons usages et coutumes auxquels ses devanciers comtes » et comtesses les avaient tenus et gardés du temps passé [1]. » Ce bienfait n'est pas le seul, dont les habitants d'Ornans soient redevables à la comtesse. Au plus fort de ses embarras, en 1360, Philippe de Rouvres avait engagé la ville, à Jean de Neufchâtel Outre-Joux, pour un prêt de 4500 florins; Marguerite remboursa une partie de cette somme dès 1361, et convertit le reste en une rente de 300 florins, qui fût rachetée pour 200 florins, après la mort de Jean, du consentement de sa sœur Isabelle (1362) [2].

On sait que la prise de Brisebarre et la victoire de Chambornay ne délivrèrent pas entièrement le pays de la présence des *Routiers* et qu'il fallut que la comtesse Marguerite payât de fortes sommes à leurs chefs les plus redoutables pour les éloigner définitivement. Elle dut engager, pour cet objet, plusieurs domaines. C'est alors (1366) qu'elle céda à Henri de Montbéliard la ville de *Baume-les-Nonains* comme nan-

---

(1) *Archives d'Ornans.* — *Mémoire historique sur la ville d'Ornans.*
(2) V. aux Archives du Doubs, *Nouv. inv. Ch. des Comptes*, L. O. 94 et *Mon. de l'hist. de Neuchâtel*, t. II, au Regeste.

tissement des sommes prêtées par son fils Etienne, sire de
Cicon ; puis, en échange des « ville, chastel et chastellenie
de *Chaucins* », qu'elle désirait recouvrer, les château, ville
et forteresse de Clerval-sur-le-Doubs, les châtellenies de
Baume et de Montbozon, les fours et éminage de Baume et
des villages de sa châtellenie (1), et, dans la châtellenie
d'Ornans, le jet sur les puys d'Ornans, les tailles, une terre
et un bois d'Etray, les censes, sa part du four et trois
hommes de Saules, les fours de Chassagne et de Chantrans,
six vingt et dix-sept mégnies (maingniers) d'hommes de la
Franche-Comté, et la terre de Bolandoz sous la réserve des
fied liège, baronnie, souveraineté et ressort (2).

Louis de Male, comte de Flandre, duc de Brabant, comte
d'Artois et de Bourgogne-Palatin, sire de Salins, comte de
Nevers, de Rethel, et sire de Malines, succéda, en 1382, à sa
mère la comtesse Marguerite. Il mourut, au mois de janvier
1384, avant d'avoir eu le temps de visiter ses sujets de
Franche-Comté et d'Ornans. C'est lui qui, le 21 juin 1382, fit
confirmer par Ancel de Salins, sire de Montferrand, Josse de
Halalwin, Humbert de la Platière et Henri de Donzy, ses
conseillers, les franchises et privilèges de la ville (3). Il
laissait sa riche succession à sa fille Marguerite, épouse du
duc de Bourgogne, Philippe-le-Hardi. (1384.)

---

(1) Fours et éminage que les comtes de Montbéliard ont conservé jusqu'à la révolution.

(2) V. PERRECIOT, *Etat civ. des pers.*, t. III, pr. n° 126, p. 277-80. —
Perreciot a cru que, sous le nom de *Franche-Comté*, il s'agissait ici de la
province entière. Mais ce terme n'était pas encore en usage au XIVᵉ siècle
pour désigner le comté de Bourgogne ; nous pensons avec M. MABLET
(*Eclaircissements hist. et crit. sur le titre de Franche-Comté*) que la
charte ne visait que le *Waresgau* (canton franc) auquel toutes les localités
dont il est question appartenaient. — La partie de la châtellenie d'Ornans,
engagée par la comtesse Marguerite, n'a fait retour au domaine qu'en 1518,
lors de la confiscation des biens de la duchesse de Longueville provenant
de la maison Montfaucon-Montbéliard. Elle est désignée sous le nom de
seigneurie d'Ornans dans l'*Inventaire de Chalon (II Usic)* qui est à la
Bibliothèque de Besançon.

(3) *Archives d'Ornans.*

CHAPITRE QUATRIÈME

Le moment est venu d'étudier les institutions publiques
d'Ornans aux xiiie et xive siècles.

L'église paroissiale, du titre de Saint-Laurent, diacre et
martyr, appartenait au doyenné des Varasques qui, depuis
la suppression de l'ancien archidiaconé *de Varesco* (1253),
était, avec les doyennés de Sexte (Besançon) et de Baume,
soumis à la juridiction du grand-archidiacre de la Métropole.
Le Pouillé général ou polyptique de l'ancien diocèse de Besançon nous apprend que cette église a été fondée par l'insigne
chapitre de Besançon qui en a conservé le patronage et pré-
lève, comme de droit, douze livres estevenantes et douze
livres de cire sur les revenus de la cure. La collation de
cette cure appartenait au chanoine prébendier de Serres et
Frânois, curé primitif, qui en a longtemps retenu le titre.

Cette église a été enrichie de bonne heure par la piété des
habitants. Dès l'année 1291, Besançon d'Ornans, prêtre
familier de l'église Sainte-Madeleine de Besançon, disposait
des dîmes qu'il possédait à Ornans et sur son territoire, en
faveur de son frère Etienne et, après sa mort, en augmentation des revenus de la cure, et donnait cinq sols au curé,
cinq sols à la fabrique et quinze sols aux lépreux (1). En 1331,
le testament d'Hugues d'Ornans, chevalier, renfermait
différents legs et fondations au profit des curé et chapelains

_____

(1) *Archives d'Ornans.*

de l'Eglise Saint-Laurent d'Ornans [1]. Par son testament en date du mercredi avant la Saint-Thomas 1376, Othenette d'Ornans fondait quatre anniversaires en faveur des curés, chapelains, familiers et desservants de cette église, et donnait pour rétribution un cens de deux livres assuré sur une vigne donnée au curé [2]. En 1387, Renaud, curé d'Ornans, faisait un testament où il n'oubliait pas son église [3]. Enfin le 27 juillet 1399, une nouvelle fondation était faite par Guye d'Ornans, femme de Richard de la Cluse [4]. On voit par les termes du testament d'Othenette d'Ornans que, dès cette époque, l'église Saint-Laurent avait des familiers, c'est-à-dire des prêtres formant un corps fixe, permanent et capable d'effets civils, un corps capable d'ester en justice, d'élire procureur et receveur, de percevoir revenus et de recevoir legs et fondations.

Hugues d'Ornans avait, de son vivant, fondé en l'église Saint-Laurent, une chapelle au nom de Saint-Jean-Baptiste, où il fit élection de sépulture. Par son testament, il établit, pour le service de cette chapelle, deux chapellenies, aux prêtres titulaires desquelles, il légua divers fonds de terre sis à Ornans et à Salins. La plupart des lieux-dits du territoire de la première de ces villes, cités dans ce curieux monument, ont conservé leurs noms, notamment : la *Fin-du-Tremblois, la Morte, les Malades, l'Oie-Menon, le Champ-des-Clercs, En-Ully, le Puy-du-Château, les Quartiers, le Mont.*

Le Château possédait, depuis 1289, une chapelle fondée par le comte Othon IV, qui y était né, en l'honneur de « Deu, de Notre Dame Saincte Marie et de Monseigneur Sainct-Georges », chapelle pour le « prouvoire » de laquelle, ce prince avait donné « à touz jours mais deux livrées de terre. »

---

(1) *Archives d'Ornans.*
(2) *Ibid.*
(3) *Arch. offi. Bes.*, cote 1648.
(4) *Archives d'Ornans.*

Cette chapelle était à la collation des comtes de Bourgogne. Le premier chapelain fut « Monseigneur Pierre de Chaucieus [1] » auquel Othon « accordoit sa table toutes les fois que lui ou la comtesse seroient à Ornans [2]. » Postérieurement à cette date, par une charte « du mardi après la Saint-Laurent 1293 », le comte Othon « déclara qu'il assignait les dix livres de terre par lui données pour dotation de cette chapelle, sçavoir cent sols sur les fours d'Ornans, et pour les autres cent sols il voulut bien laisser percevoir annuellement par le chapelain sept bichots de froment, mesure de Scey-le-Château, sur les moulins de la dite ville... [3] »

Une seconde chapelle, du titre de Saint-Jacques, fut fondée par Mahaut d'Artois en 1303 [4]. Ces deux chapelles étaient tantôt réunies, tantôt séparées, dans les collations qui en étaient faites.

Les lépreux, dont il est question dans le testament de Besançon d'Ornans et auxquels il léguait, en 1291, une somme de quinze sols, étaient probablement parqués dans un enclos qui a retenu le nom des *Hayes*. *Notre-Dame de la Maladière* ou *des Malades* ne fait son entrée dans l'histoire qu'en 1553 et *Saint-Roch* qu'en 1636.

Le nombre des localités qui faisaient, à l'origine, partie de la *châtellenie* d'Ornans, était considérable ; il n'était pas moindre de cinquante. Ces localités étaient : Amancey, Amathay-Vésigneux, Amondans, Arc-derrière-Cicon, Athose, Avoudrey, Bolandoz, Bonnevaux, Chaffoy, Chantrans, Chasnans, Chassagne, Cléron, Déservillers, Épenoy, Épeugney, Étray, Évillers-sous-Usier, Fallerans, Flagey, Gilley, Gonsans, Granges-Vienney, l'Hôpital-du-Grosbois, Lavans, Lods, Magny-Châtelard, Maisières, Montgesoye, Mouthier-Hautepierre, Naisey, Nods, Orchamps-Vennes, Ornans, Ouhans,

---

(1) Arch. Doubs. *Nouv. inv. Ch. des Comptes*, O. 90.
(2) *Mémoire historique sur la ville d'Ornans*.
(3) *Ibid*.
(4) *Man. Chif.*, t. 1, fol. 176, à la Bibl. de Besançon.

Refranche, Rurey, Saint-Gorgon-et-Aubonne, Saules, Scey, Septfontaines, Silley, Tarcenay, Trepot, Valdahon, Vennes, Vercel, Vernier-Fontaine, la Verrière-du-Grosbois et Vuillafans.

Vuillafans et ses dépendances, Lavans, Lods et Mouthier-Hautepierre furent donnés en 1242, Aubonne, Gonsans, Nods et Vernier-Fontaine (avec Maiche, la Rivière et le Val-de-Leugney) en 1245, une partie de Naisey (avec des fractions de Mamirolle, de Nancray et de Saône) en 1254, par Jean de Châlon, à son neveu Amédée de Montfaucon (1). Nous voyons, en 1259, Thiébaud, sire de Belvoir, faire hommage du fief et du val de Vennes à l'abbaye de Saint-Maurice-en-Chablais (Agaune) « sauve la féauté de Jean contes en Bourgogne et sires de Salins (Jean de Châlon) (2).» Jean de Châlon les avait repris, l'année précédente, de la dite abbaye (3). Il les donna, en 1263, avec le fief de Belvoir, à Amédée de Montfaucon. Il nous a été impossible de trouver à quelle date Arc-sous-Cicon, Athose, Avoudrey, Chasnans et Ouhans ont été concédés à Amédée de Montfaucon ; mais il est certain qu'en 1268, Vuillemin, dit de Nans fils de Thiébaud de Cicon, les a repris de lui, avec Aubonne et Nods (4). On voit que ces localités appartenaient toutes à la partie de la seigneurie d'Ornans échangée par Jean de Châlon, en 1237, contre la vicomté d'Auxonne, Chaussin et autres fiefs, c'est-à-dire au *partage de Vienne*, dont il ne se serait pas dessaisi, comme on l'a cru jusqu'à présent, en faveur de son fils Hugues (5). En 1281, Othon IV cédait à son cousin Jean de Montbéliard, sire de Montfaucon, tout ce qu'il possé-

(1) V. GUILLAUME, *loc. cit.*, t. I, pr. p. 137, 145 et 155.
(2) V. PERRECIOT, *loc. cit.*, t. III, pr. n° 43, p. 66.
(3) V. GUILLAUME, *loc. cit.*, t. I, pr. p. 166.
(4) V. PERRECIOT, *loc. cit.*, t. III, pr. n° 56, p. 82.
(5) Nous sommes assez porté à croire que le *partage de Vienne* comprenait la moitié orientale de la seigneurie, y compris le *Bourg-Dessus*, d'Ornans, car les villages aliénés par Jean de Châlon appartiennent tous à cette région.

dait à Avoudrey, Mamirolle et Naisey, par une charte
donnée au château d'Ornans, le dimanche après la fête de
l'Invention de Saint-Etienne (3 août) (1). Scey-le-Châtel et ses
dépendances, Chassagne, Cléron en partie, Flagey et Scey-
en-Varais en partie, furent engagés, vers 1366, par la comtesse Marguerite, à Gérard de Cusance qui lui avait prêté
4200 florins de Florence qui ne furent jamais remboursés.
Cette cession paraît avoir été précédée d'un démembrement
de l'ancienne terre de Scey, à la suite duquel Amondans et
Refranche furent incorporés à la seigneurie de Fertans,
tandis qu'Epeugney, Maisières en partie, Rurey et Scey-en-
Varais en partie l'étaient à celle de Montrond. Nous n'avons
pu découvrir à quelle époque Amathay-Vésigneux est allé à
la seigneurie de Maillot et Chaffoy à celle d'Usier.

En définitive, à la fin du XIVe siècle la seigneurie d'Ornans
ne comprenait plus que les vingt villages d'Amancey, Athose,
Bolandoz, Châtel-Magny (2), Déservillers, Epenoy, Fallerans,
Gilley, la Grange-Guyennet (3), Lavans, Naisey, Nods, Saules,
Silley, Septfontaines, Tarcenay, Trepot, Valdahon, Vercel et
Villers-sous-Usier (4) ; mais Amathay, Amondans, Arc-sous-
Cicon, Avoudrey, Bonnevaux, Chaffoy, Chantrans, Cléron,
Epeugney, Etray, Flagey, Maisières, Montgesoye, Mouthier-
Hautepierre, Orchamps, Ouhans, Refranche, Rurey, Scey et
Vuillafans étaient encore *retrahants* du château c'est-à-dire
obligés de concourir à son entretien et à sa défense.

La seigneurie d'Ornans, comme toutes les châtellenies,
était gouvernée et administrée par un *châtelain* et un *prévôt*.
Le châtelain ou capitaine-châtelain, chef militaire et juge,
était préposé à la garde du château et à l'exécution des actes
de la haute justice. Le prévôt ou *lieutenant de justice et prévôté* juge et administrateur, était moyen et bas justicier et

(1) V. *Mémoire historique sur la ville d'Ornans.*
(2) Magny-Châtelard.
(3) Les Granges-Vienney.
(4) Evillers.

questeur du comte. Il était, en outre, le juge né des citoyens
de Besançon qui s'avouaient hommes du comté de Bourgogne [1]. Les fonctions de ces deux officiers, primitivement
réunies, étaient alors tenues en fief par une famille noble qui
portait le nom de la localité [2]. La châtellenie et la prévôté
paraissent n'avoir été séparées et données en titre d'office
que vers la fin du XIV° siècle. Le premier châtelain connu

---

(1) V. GOLLUT, *Mém. de la Républ. Séq.*, p. 613.

(2) Les membres connus de cette famille sont : Besançon d'Ornans, familier de la Madeleine de Besançon, dont le testament (1291), qui est aux
Archives d'Ornans, nomme Hugues d'O., dit Nayrat, Guy et Vernier, fils
de Lambelin d'O. et Etienne d'O., clerc, ses neveux ; Hugues d'O., damoi-
seau, fils de Lancelot, dont la mère est nommée dans le testament de la
comtesse Alice (1278) (V. DUNOD, *Comté*, t. II, p. 602) et dont le testament
(1359) est aux mêmes archives ; Cuene d'O., *signour de loix* (1304) (V.
GUILLAUME, *loc. cit.*, t. I, p. 185), nommé chevalier gardien du comté,
envoyé, en 1312, dans le duché pour faire la value des biens de Henri de
Vergy (V. DUCHESNE, *Sire de Vergy*), nommé, en 1326, dans une sentence
du parlement de Dole réglant la vaine pâture entre les habitants de Clerval
et ceux de Pompierre (V. PERRECIOT, *loc. cit.*, pr. n° 117, p. 199-202) ;
Nicolette d'O. qui testa, en 1309, en faveur de Guillaume de Traves, chanoine métropolitain (V. GUILLAUME, *loc. cit*, t. I, p. 168) ; Othon d'O. qui
testa en 1331 ; Renaud d'O. nommé dans le testament de Hugues, son cousin (1351) ; Huguenin d'O. qui prêta foi et hommage à la comtesse Marguerite en 1373 ; Othenin d'O. qui testa en 1376 ; Othenette d'O. nommée dans
le testament d'Othenin ; Jehannette d'Ornans, femme de Perrenot de Buvilly, en 1384 ; Jehan et Huguenin d'O. qui prêtèrent foi et hommage, en
1384, à Philippe le Hardy ; Huguenin d'O., qui épousa Rose de Longeville,
veuve de Renaud de Domprel, en 1397 (V. GUILLAUME, *loc. cit.*, t. I, p.
591) ; Guye d'O., femme de Richard de la Cluse, qui fonda un anniversaire
dans l'église d'Ornans, en 1399 ; Jean d'O., fils de Philibert, et Guillaume
d'O., fils de Jean, en 1407 ; Pierre d'O., mari d'Etiennette de Scey et père
de Louis d'O., en 1442 (V. GUILLAUME, *loc. cit.*, t. I, p. 194) ; Alexandre
d'O., vicaire-général et grand-prieur de Gigny (1476) ; Louis d'O., neveu
de Jacques, Guillaume et Jean de Scey, en 1481 (V. GUILLAUME, *loc. cit.*,
t. I, p. 196) ; Guillaume d'O., marié à H° Perrin de Pontarlier (de la maison de l'Aule ou de la Saule) ; Othenine d'O., fille de Richard d'O., veuve
de J. de Nozeroy (V. DUNOD, *Nobil.*, p. 284).

D'Ornans portait d'argent à la bande de sable chargée de trois coquilles
d'or. Ses alliances étaient : Buvilly, Longeville, la Cluse, Scey-le-Châtel, la
Saule de Pontarlier, Nozeroy, Orsans, Champagne, Chassagne.

était Pierre de Thoisy (1387) et le premier prévôt, Nicolas Garnier de Flagey (1390).

Les *droits seigneuriaux*, autres que ceux de justice, étaient réduits à l'aide aux quatre cas, à la banalité des bois, communaux, fours et moulins, et au droit de lods et ventes. Une contribution annuelle, dite *Gect (Jet) de Saint-Michel*, et qui était de 50 livres, représentait le prix du rachat des meix, maisons, terres et héritages du franc-alleu d'Ornans ; et une cense, due à la même époque, celui du droit de halles et marchés. De bonne heure les ecclésiastiques et les gentilshommes d'Ornans essayèrent de se soustraire à l'acquittement de leur quote-part du jet de Saint-Michel. A peine sont-ils nobles que les de Chassagne, les Grospains, les Philibert, les Perrenot réclament en haut lieu pour être exempts de cette contribution. La ville a toujours obtenu la confirmation de son droit de l'imposer.

Ornans a été, dès le principe, une des villes et localités où la bailli général du Comté de Bourgogne tenait ses assises. Lorsque le roi Philippe-le-Bel eut divisé la province en deux bailliages, le bailliage d'Amont et le bailliage d'Aval (1303), il devint un des principaux sièges du dernier. Enfin, après l'établissement du bailliage du Milieu ou de Dole, par le duc Philippe-le-Bon (1422), il fut un des trois sièges de ce bailliage. On ne sait au juste à quelle époque le grand-bailli de Dole eut un lieutenant sédentaire à Ornans ; mais ce ne fut certainement que vers la fin du xv⁰ siècle. Un titre des archives prouve que Guy Des Haulx, lieutenant-général du bailli de Dole, vint encore siéger à Ornans en 1454.

Le châtelain d'Ornans commandait la milice communale, et le prévôt était le chef de la commune, présidant, en cette qualité, les échevins, jurés et notables assemblés et faisant avec eux des règlements de police et de voirie. L'un et l'autre ne pouvaient informer, en matière criminelle, contre un bourgeois ou un habitant que de l'aveu et à la participation des échevins. Les habitants d'Ornans avaient la libre disposition des biens et communes de la ville tous de franc-alleu, et le droit de se gouverner selon leurs usages. Ils avaient aussi le droit de chasse et de pêche, sans parler · d'autres privilèges, concédés ou acquis par prescription, dont nous aurons l'occasion de parler plus tard. Chaque année, ils nommaient, au suffrage universel et direct, 24 *notables* 12 *jurés* et 4 *échevins* ou *prudhommes,* qui formaient, sous la présidence du prévôt, le conseil de la commune. Les échevins étaient les assesseurs du châtelain et du prévôt, dans l'exercice de leurs fonctions judiciaires, toutes les fois que la vie ou les intérêts des citoyens étaient en jeu. Comme la ville était divisée en deux bourgs (*Bourg-Dessus* et *Bourg-Dessous),* chacun de ces deux quartiers élisait la moitié du magistrat. Le château avait deux échevins particuliers.

On comprend que la *bourgeoisie* ou *commendise* d'Ornans ait été recherchée. Nous voyons, en 1336, les habitants de Gilley essayer de se soustraire à la servitude de l'abbaye de Montbenoît, en se mettant sous la protection des *gens de la Contey à Ornans* [1]; en 1391, ceux de Montbéliard s'avouer bourgeois d'Ornans pour échapper à la tyrannie de leur comte, Etienne de Montfaucon [2]; en 1398 et 1400, des citoyens de Besançon s'avouer hommes du comte de Bourgogne et demander à être renvoyés devant le prévôt d'Ornans [3]; en 1424, des hommes de la seigneurie de Belvoir désavouer cette seigneurie et se mettre sous la sauvegarde du château d'Ornans [4]. Cet usage était alors fort utile, mais il aurait pu devenir nuisible plus tard, en apportant des entraves au cours régulier de la justice ; heureusement a-t'il disparu peu à peu après l'institution des baillis généraux et du parlement.

Il ne reste, en fait d'édifices de cette période que des

(1) Archives du Doubs, *Montbenoit,* cart. 5, cote 2.
(2) *Archives d'Ornans.*
(3) V. GOLLUT, *loc. cit.*
(4) V. PERRECIOT, *loc. cit.,* t. III, pr. n° 144, p. 313-316.

substructions et la partie inférieure (les deux tiers) de la tour de l'église Saint-Laurent, morceau qui appartient à l'architecture du xiie siècle. La grande porte , qui s'ouvre à la base de cette tour, est déjà ogivale ; mais les belles fenètres géminées à plein cintre du deuxième étage ont bien conservé les caractères du style roman.

Si les constructions d'alors ont disparu, les vieux quartiers qu'elles formaient existent encore et quelques - uns ont conservé leurs anciens noms. Nous citerons le *Scult* ou *Seut* (*Solutus vicus,* bourg affranchi ou bourg libre), qui doit être fort ancien ; le *Champ-Liemand* (*Lehmann,* homme-lige, liégeon), dont le nom rappelle la condition des premiers habitants ; enfin, le *Revoudard , Rehoudard , Rahoudard* (*Rivus Odoardi,* ruisseau ou canal d'Oudard ou de Houdard), cité dans un document de 1262 (1), dont les maisons vraisemblablement bordaient un bras de la Loue comblé depuis longtemps.

---

(1) *En Revoudai* in villa de Ornans juxta domum Vidonis. (*Testament de Besançon d'Ornans.*)

CHAPITRE CINQUIÈME

Seigneurs d'Ornans jusqu'à la fin de la période palatine. — Leurs armoiries : Bourgogne-Comté, Vienne, Souabe et Méranie, Chalon, France,
Bourgogne-Duché, Flandres. — Leurs sépultures.

Les Comtes de Bourgogne, à partir de Létalde Ier, furent
seuls seigneurs d'Ornans jusqu'à la mort de Guillaume III,
dit l'Enfant, et au partage que Raynaud III et Guillaume,
comte de Vienne, de Mâcon et d'Auxonne, son frère, firent
de la succession de ce malheureux prince. A partir de cette
époque (1127) et jusqu'à la mort de Jean de Châlons-l'Antique,
les *co-seigneurs* d'Ornans furent, d'une part : 1° Raynaud III ;
2° ·Béatrice Ire ou de Bourgogne et son mari Frédéric de
Souabe (Frédéric-Barberousse) ; 3° Othon Ier ; 4° Othon II ;
5° Béatrice II ou de Souabe et son mari Othon de Méranie ;
6° Othon III ; 7° Alice de Méranie et son mari Hugues de
Châlon ; et, d'autre part, 1° Guillaume de Vienne ; 2° Gérard
de Vienne ; 3° Marguerite de Vienne, dame de Salins ;
4° Hugues IV, duc de Bourgogne ; 5° Jean de Châlon-l'Antique, sire de Salins. Après la mort de ce dernier (1267), la
seigneurie d'Ornans n'est plus sortie de la famille règnante
de Bourgogne-Comté que par accident et toujours pour un
temps très court.

Bourgogne-Comté a d'abord porté : *de gueules à l'aigle
éployée d'or* ; à partir de 1282 : *d'azur à des billettes d'or
sans nombre au lion d'or passant armé et lampassé de
gueules* [1]. *Vienne*, qui a porté d'abord comme *Bourgogne-
Comté*, avait adopté, à partir de 1175 [2], un écu *parti de*

_____

(1) Sceau de la « Cour d'Arbois ». (Arch. du Doubs, *Trés. des Ch.*,
B. 318.)

(2) C'est Gérard de Vienne qui adopta le nouvel écu, qui réunit les couleurs de Bourgogne-Comté et de Vienne. (V. DUNOD, *Comté,* t. II, p. 186).

gueules à la bande d'or et de gueules à l'aigle éployée d'or.
Souabe et Méranie portaient : *d'azur à l'aigle éployée d'or.*
Chalon, après avoir porté comme *Bourgogne-Comté*, prit,
en 1233 [1], *de gueules à la bande d'or.* Hugues de Châlon et
Alice de Méranie et, après eux, Othon IV, jusqu'en 1282,
portaient : *de gueules à l'aigle éployée d'argent* [2]. L'écu de
France à cette époque était : *d'azur aux fleurs de lys d'or*
sans nombre [3]; celui de *Bourgogne-Duché* ancien : *d'azur*
et d'or de six pièces posées en barre [4] ; enfin, celui de
Flandres ; d'or au lion passant de sable [5].

On trouve l'ancien écu de Bourgogne-Duché, à Ornans, sur
une pierre placée à l'entrée du château et sur un écusson sans
cimier, soutenu par un ange, au-dessus de la rosace qui
orne le portail latéral de l'église Saint-Laurent. La pierre
provient des remparts détruits par Louis XIV, ou de cette
maison du souverain, qu'on appelait la *Maison de Madame.*
On l'a en face de soi, lorsqu'on arrive au château par l'escalier taillé dans le roc qui sert aux piétons. Sur cette pierre,
à côté d'un P couronné de la couronne ducale, on voit un
écu de six pièces posées en barre, le tout très fruste et taillé

---

(1) « ... *quia postmodùm sigillum meum mutavi, presentes sigillo*
meo novo feci sigillari anno 1233 mensi martio. » (*Tit. de l'abb. de la*
Charité.) (V. Dunod, *Comté,* t. III, p. 46.)
Ces couleurs étaient celles des comtes de Vienne de la famille des comtes
de Bourgogne, dont le dernier, Henri, mourut à Genève en 1233. (V. Id.,
ibid., p. 38.)

(2) Cette aigle est *à deux têtes* sur les sceaux d'Alice de Méranie et de
Philippe de Savoie, *à tête unique* ou *à deux têtes* sur ceux d'Othon IV.

(3) Les sceaux de Jeanne II et de Philippe le Long sont *partis de France*
et de Bourgogne-Comté.

(4) Les sceaux d'Eudes sont : *Parti bandé d'or et d'azur de six pièces*
orné de gueules et d'azur billeté d'or au lion couronné de même.

(5) L'écu de Marguerite de Flandres était *parti d'or au lion de sable et*
d'azur aux fleurs de lys d'or sans nombre, quand il n'était pas Bourgogne-Comté. Les sceaux de Louis de Mâle portaient les deux écus de
Flandre et de Bourgogne-Comté. (V. J. Gauthier, *Inv. des sceaux des*
jurid. souv. et dom. du comté de Bourgogne, in Bul. Acad. Bes., 1884,
p. 262 et 263.

en creux. Quant à l'écu sans cimier du petit portail de l'église paroissiale, il est très probablement, pour ne pas dire certainement, une épave de l'ancienne église romane (1).

On ne sait où reposent le comte Létalde Ier et les comtes de sa lignée directe Albéric Ier, Létalde II et Albéric II ; mais il est vraisemblable que c'est à Salins. Othe-Guillaume ne fut point inhumé dans son comté de Bourgogne ; on l'a enseveli à Dijon, dans le monastère de Saint-Bénigne, à côté de Guy, son fils, qui l'avait précédé dans la tombe. Raynaud Ier, Guillaume Tête-Hardie ou le Grand, Raynaud III et son frère Guillaume de Vienne, Othon Ier, Gérard de Vienne ont été enterrés dans le parvis de l'église Saint-Etienne de Besançon. Leurs restes transférés à l'église Saint-Jean, le samedi 28 juillet 1674, ont été d'abord déposés dans un caveau voûté, construit à cet effet au milieu de la grande nef-devant l'autel de la Croix ; puis, quatre ans après, dans le sanctuaire, entre l'autel et le fond de l'abside ; enfin, en 1701, dans leur ancien caveau. Mgr Mathieu les a fait exhumer et transférer, en 1865, dans la chapelle du Sacré-Cœur, où il leur avait préparé une demeure princière (2). On croit qu'Othon II de Souabe et Jeanne Ire ou de Bourgogne ont été enterrés également dans le parvis de Saint-Etienne ; mais leurs sépultures n'ont pas été retrouvées (3). Béatrice II de Souabe a été inhumée dans l'église de l'abbaye de Langenheim en Franconie, où son mari, Othon de Méranie, est venu la rejoindre, trois ans après jour pour jour. Othon III de Méranie, mort empoisonné puis assassiné à Niesten, y a été enseveli. Alice de Méranie, son mari Hugues de Châlon et leur fils Othon IV reposent à l'abbaye de Cherlieu ; Robert de Bourgogne, fils d'Othon IV et de Mahaut d'Artois, aux

(1) V. MARLET, *Ornans en Franche-Comté de Bourgogne.*

(2) V. la notice qui précède l'*Oraison funèbre des comtes de Bourgogne*, par Mgr BESSON, 1866.

(3) V. J. GAUTHIER, *Inscript. de la cathéd. Saint-Etienne*, in *Bull. Acad. Bes.*, 1880, p. 368.

Jacobins de Poligny ; Jean de Châlon-l'Antique à l'abbaye du Mont-Sainte-Marie [1] ; Mahaut d'Artois , aux Frères Mineurs de Paris ; Jeanne II, aux Grands-Cordeliers de Paris ou Collège de Bourgogne [2] ; Philippe-le-Long et la comtesse Marguerite, à Saint-Denis ; les ducs Eudes et Philippe de Rouvres, à l'abbaye de Citeaux ; enfin, Louis de Mâle, à Notre-Dame de Lille. Le lieu de la sépulture de Marguerite de Vienne nous est inconnu.

---

(1) V. J. GAUTHIER, *Inscript. des abb. cist. du dioc. de Bes.*, in *Bull. Acad. Bes.*, 1882, et *Tomb. Fr.-Comt. inéd., ibid.,* 1884.
(2) Nous avons vu que ce collège a été fondé par Jeanne II.

PÉRIODE DUCALE (1384-1493)

CHAPITRE PREMIER

Marguerite de Flandres et Philippe-le-Hardi. — Réformes libérales. — Développement des *commendises*. — Renonciation générale au droit de commendise. — Arrestation de Garnier, prévôt d'Ornans, à Besançon. — Châtiment et soumission de la cité. — Rétablissement de la bourgeoisie du château d'Ornans.

L'époque des comtes-ducs a certainement été, pour la Franche-Comté, une des plus agitées et des plus dramatiques de son histoire. Par un contraste singulier, elle fut, pour Ornans, une ère de tranquillité, au cours de laquelle ses libérales instructions se développèrent avec rapidité. Son château, qui a été la résidence favorite des comtes palatins, ne verra plus que très rarement ses seigneurs, mais il n'attirera plus, sur la malheureuse cité des XIIIᵉ et XIVᵉ siècles, les calamités des guerres féodales. Comme tous les peuples heureux, celui d'Ornans n'aura pas d'histoire et les documents qui le concerneront seront, par le fait, rendus fort rares (1).

Philippe-le-Hardi, à peine en possession du riche héritage, que lui laissait son beau-père Louis de Male, sembla avoir pris à cœur de justifier, par l'audace de ses entreprises, le surnom que sa vaillance lui avait valu à Poitiers. Le nouveau

---

(1) Les plus anciens en date se rapportent à la *commendise,* dont nous avons parlé dans un chapitre précédent.

seigneur d'Ornans avait de grands projets. « Soumettre le
pays de Bourgogne et la noblesse au joug des lois et
arrêts de ses parlements (1), ressaisir l'autorité souveraine
presque anéantie dans le comté depuis le règne de Bar-
berousse, créer et opposer la bourgeoisie comme contre-
poids à la puissance démesurée des Barons, telle était la
révolution qu'il avait conçue et dont le parlement de Dole
devait être le plus puissant ressort... Les circonstances le
favorisaient. Malgré leur fierté et leurs antiques prérogatives,
les seigneurs de Bourgogne étaient affaiblis par la longue
dévastation de leurs terres. Ce n'était plus le temps où,
sous un chef jeune et ardent, la noblesse, encore solitaire et
sauvage, émue de colère au nom de Philippe-le-Bel ou du
duc Eudes, marchait comme un seul homme contre les
baillis et le parlement (2) ». Le 20 mai 1386, furent publiées
à Dole des ordonnances qui organisaient le parlement et
donnaient des bases solides au pouvoir souverain du comte-
duc (3). Le parlement de Dole était proclamé la juridiction
souveraine du Comté, devant laquelle *tous* étaient obligés
de comparaître en personne (4); le juge du vassal, qui avait
mal jugé et de la sentence duquel il avait été *bien appelé*,
était condamné à soixante sous d'amende (5), et l'amende
s'élevait à dix livres, si le Prince tenait l'audience en personne (6); tout juge devait déférer à un appel adressé au
parlement et lui *renvoyer le procès* avec les pièces avant
l'ouverture de la session suivante (7).

---

(1) Parlements de Dole, de Dijon et de Saint-Laurent-lez-Chalon.
(2) Ed. CLERC, *loc. cit.*, t. II, p. 205.
(3) Elles furent publiées, en séance solennelle de la Cour, par les sages
conseillers qui les avaient rédigées : Jean de Molpré, abbé de Baume,
Thiébaud de Rye, Eudes de Quingey, Humbert de la Platière, Ancel de
Salins, sire de Montferrand, Jean Basan, Guillaume de Montaigu.
(4) Art. 31.
(5) Art. 36.
(6) Art. 37.
(7) Art. 49.

Les temps étaient si changés que ces nouveautés, contre lesquelles les barons combattaient depuis soixante ans, ne firent point monter la noblesse à cheval, et qu'au lieu de courir à Dole pour renverser ses institutions dirigées contre elle, elle se borna à de respectueuses représentations. N'osant attaquer la juridiction même du parlement « elle s'en prit à des dispositions de détail, aux droits exagérés du fisc, aux vexations individuelles des officiers, et se plaçait ainsi sur un terrain où elle devait finir par être vaincue [1]. » Philippe, par politique, fut obligé d'accueillir les plaintes avec courtoisie. Il rendit même des ordonnances pour adoucir les droits du fisc (22 septembre 1387) [2] et désapprouver les officiers qui « sous ombre de sauvegardes accordées en son nom à ses subjects et sous le prétexte qu'ils peuvent mettre la main sur les biens et héritages en contestation, s'efforcent d'introduire ces cas de nouvelleté » qui favorisent l'exercice de leur puissance. Il régla ensuite « l'appel à son parlement », permit d'y « plaider par procureur sans lettres de grâce », ajoutant que « vu les bons services que lui font les Barons, quand il les requiest », sa volonté est « de tenir les bonnes coustumes en lesquelles il a trouvé le pays. » (27 septembre 1387) [3]. Mais les amendes [4] n'en continuèrent pas moins à atteindre les premiers seigneurs du pays.

La noblesse fut d'abord plus heureuse dans ses protestations contre les *commendises* que le comte-duc avait grandement développées et avec lesquelles il battait également monnaie. Les cabanes, les maisons, les villages entiers s'abritaient de son lion de Bourgogne et l'on voyait partout flotter ses panonceaux. Le serf prenait de la hardiesse contre son seigneur ; le jour de la justice et de la liberté allait luir

_____

(1) Ed. CLERC, *loc. cit.*, t. II, p. 213.
(2) *Inv. de 1585*, f. 4186.
(3) *Inv. Ch. des C. B.*, 670.
(4) Le montant de ces amendes devait être employé à payer les réparations des châteaux du Prince.

après tant de siècles de servitude et d'écrasement. Effrayés par ce réveil des idées d'indépendance et tremblant pour leur puissance déjà bien ébranlée, quatre des hauts barons, Henri de Montfaucon, comte de Montbéliard, Thiébaud VII, sire de Neufchâtel, Jean de Chalon-Arlay III et Jean de Chalon-Auxerre, sire de Châtel-Belin, se réunirent pour aviser aux moyens d'arrêter le comte-duc dans des innovations funestes à la féodalité. Malgré l'impatience de Jean de Chalon-Arlay, les conseils de la prudence prévalurent, et ils se contentèrent de rédiger une longue requête, à laquelle le Prince ne se pressa pas de répondre. Ici se place la terrible épisode du meurtre de Guillaume Fagnier, de la Chapelle-d'Huin, sergent du comte-duc (20 avril 1390), qui donna lieu, contre Jean de Chalon-Arlay, à une action qui ne se termina que deux ans plus tard, en 1392 (1). Au mois d'août 1390, dans une lettre datée de Hesdin, Philippe avait déclaré qu'il ne donnerait plus, à l'avenir, de sauvegardes « aux sujets des terres seigneuriales sans la volonté des seigneurs hauts-justiciers, que lorsqu'il s'agirait de clercs et de personnes privilégiées ; mais qu'il était *acertené* du droit attaché à son château de Bracon et à d'autres châteaux de ses domaines (2) d'avouer pour bourgeois ceux qui se retiraient dans ses terres (3)... » Cependant, ses doctrines à cet égard furent longtemps flottantes et incertaines en apparence. Le 16 novembre 1393, il donnait, à Besançon, une charte qui sacrifiait aux hauts barons, pour l'avenir et même pour le passé, toutes les commendises et bourgeoisies ; mais, à peine les panonceaux, emblèmes de son protectorat étaient-ils abattus, que le parlement, obéissant à des ordres secrets, les faisait relever. En fait, Philippe obéissait à des nécessités politiques, et nous allons en donner la preuve en

---

(1) V. Ed. CLERC, *loc. cit.*, t. II, p. 228-237.
(2) Montmorot, Ornans.
(3) V. Ed. CLERC, *loc. cit.*, t. II, p. 230.

relatant deux faits de l'histoire des bourgeoisies et commendises du château d'Ornans.

En 1391, Henri de Montfaucon, comte de Montbéliard,
dans une requête adressée au comte-duc, se plaignait que
plusieurs de ses hommes et sujets demeurant en sa justice
haute, moyenne et basse, s'étaient avoués et avouaient
souvent bourgeois du château d'Ornans. Le prévôt du lieu
contraignait ses officiers, à la demande de ces nouveaux
bourgeois, à leur donner quittance de tous devoirs féodaux,
tailles et corvées, et de tous droits, rentes, redevances et
amendes, et entravait l'exercice de sa justice, en exigeant
que son procureur les poursuivît par devant lui prévôt
d'Ornans. Il était fort à craindre que tous ses sujets n'en
vînssent à se soustraire à sa seigneurie et juridiction, en
s'avouant bourgeois d'Ornans. Puis le comte de Montbéliard
insinuait que, si cet état de choses lui portait dommage et
préjudice, c'était sans aucun, ou tout au moins, sans grand
profit pour le Prince. Enfin, il suppliait le comte-duc de
porter remède à une situation qui le menaçait, non seulement
dans ses droits de justice, mais encore dans ses intérêts
réels, en mettant à néant ces bourgeoisies ou en les restrei-
gnant de manière à les lui rendre moins préjudiciables que
dans le passé.

Le moment était bien choisi pour adresser semblable
complainte à Philippe : le plus puissant de ses hauts barons
était en révolte ouverte contre lui, et le souverain de la
Comté pouvait craindre que les autres ne prissent parti
pour Jean de Châlon-Arlay. Il jugea donc opportun de donner
satisfaction au comte de Montbéliard. Après avoir fait man-
der, devant son chancelier et son conseil, le prévôt et
quelques notables d'Ornans, et les avoir obligés à confesser
qu'ils « n'avaient aucuns privilèges des dites bourgeoisies »
et que leur seigneur et eux n'en avaient usé qu'en vertu
d'un usage si ancien « qu'il n'était mémoire du contraire »,
il déclara, par lettres en date du 23 octobre 1391, que « ces

possessions et usages, en tant qu'ils touchent les choses réelles et amendes adjugées , ne sont pas recevables , mais sont corruptèles et abus (1). » Deux ans plus tard, en 1393, Philippe allait plus loin encore et renonçait , d'une manière générale, au droit de commendise pour les terres de son domaine (2).

Mais ce n'était que pour un temps et devant de redoutables éventualités. En 1398 et en 1400, les circonstances n'étaient plus les mêmes : aussi voyons-nous le seigneur d'Ornans, qui avait blamé son prévôt en 1371, le soutenir alors de toute sa puissance souveraine contre les habitants de Besançon. Le fait est raconté tout au long dans Gollut. « En ce même temps (3)... furent prinses informations des excès de ceux de la cité de Bezançon, contre les officiers du Duc Philippe (4)..., pour entendre si les citoïens particuliers de Bezançon, pouvoient faire exéquuter mandement de récréance, dedans la ville de Bezançon, sans requérir les officiers, et les eschevins de la ville : et pour savoir comme l'on en havoit usé auparavant. Et fût trouvé que les particuliers habitans de la cité de Bezançon , s'estans une fois advoués pour homes du Comté de Bourgougne, ils ne pouvoient estre retenus au dict Bezançon , mais debvoient estre renvoïés au chasteau d'Ornans, pour y estre jugés par le Prévost. Et que (du tout au contraire) les Gouverneurs et Eschevins, estans assemblés en la maison ou cheminée de la ville (5)... empeschoient de telle sorte, que, après havoir

---

(1) *Archives d'Ornans,* AA. *Franchises et privilèges.*

(2) V. PERRECIOT, *loc. cit.,* t. III, pr. nº 132.

(3) « ... mil trois cens nonante huict, environ le treizième jour de febvrier... »

(4) « ... esquelles vacquèrent, par commandement du chancelier, le Révérendissime Evesque d'Arras ; maistre Bon Guichard, bailly d'Aval, licencié ès loix, natif de Poligny ; maistre Girard Basan, de Dole, licencié ès loix, conseiller de Monsieur de Bourgogne ; et Thiébaud de Batterans, gardien de Besançon... »

(5) « ... (ainsi parle le tiltre) ... »

battu aigrement les huissiers, qui exéquutoient, ils les havoient mis en prison : disans, qu'ils havoient franchises de l'Empereur contraire à ces droicts de Bourgogne. Ce qui occasionnat ceux qui estoient ainsi outragés, d'en appeler au Parlement de Dôle et de ce les dicts Huissiers tesmoignèrent, et pareillement quelques habitans et citoïens de Bezançon : mesmement Messire Jehan Bonvalot, chevalier qui lors estoit Seigneur d'Aresche, déposat des recréances faictes dedans la ville par les officiers de Bourgogne (1)... Le Juge du Prince, demeurant à Bezançon, nomme Pierre Malmessert, du nombre de ceux qui y font plus mauvais offices. Mais surtout est remarquable, que les habitans de Bezançon (avant que de délivrer les prisonniers, leur faisoient prester sèrement de ne rien révéler de ce que leur havoit esté et estoit faict. Puis les conduisoient à Saint-Pierre où le dict sèrement estoit renouvellé (2). »

« En l'an 1400, le Duc requit les citoïens de Bezançon de luy païer les pensions, qui luy estoient dehües. Mais, pour ce que le gentilhome, qui leur portat le propos, parlat plus autement, qu'il ne leur plaisoit, ils le feirent arreste prisonier. De quoy M. Garnier, Prévost d'Ornans, fut adverty bien tost après, afin qu'il le répétat : car les Prévosts d'Ornans représentans le Comte de Bourgogne (3), hont ceste authorité, de répéter (pour quelques délicts, causes civiles, ou autres que ce fussent) les subjects du Prince, pour juger le faict, qui estoit en question, sans que les Juges estans dedans la cité, pour qui que ce fut, en peussent prendre la cognoissance ; voire que les citoïens mesme estoient renvoïés, quand ils se advouoient de la Prévosté d'Ornans, et demandoient le jugement du Prévost. Mais la venue de Garnier, ne servit, et ne

---

(1) « En ce tiltre j'ai notté, que le Bailly qui rescript au Chancelier, se soubscript : *Vostre humble créature.* Les huissiers, faisans leurs propos aux gouverneurs et échevins de Bezançon, les appellent *beaux seigneurs.* »

(2) V. GOLLUT, *loc. cit.,* p. 613.

(3) « ... comme nous havons adverty en l'an 1398... »

peut retirer son prisonier ; car au contraire, il fût chassé
dehors de la cité. De quoy, le Duc fût adverty bien tost après,
et fut occasionné de se colerer contre les citoïens, et de faire
contre eux publier (1), que tous les citoïens qui pourroient
estres attrapés, fussent conduicts aux prisons de Chatillon-
le-Duc et dès là portés à Gray. Et au reste il déffendit le
trafique des grennes, et de tous autres vivres, afin que la
cité recognent sa faute et sa foiblesse. Et afin d'effectuer, ce
que les édicts portoient, il feit loger quelques embusches,
sur les advenues de la cité pour surprendre et chastier les
citoïens (2). » Tout d'abord quatre bourgeois furent saisis
près de la Porte-Taillée. L'émoi fut grand à Besançon, et
les citoyens effrayés, autant qu'atteints dans leurs intérêts,
se décidèrent à envoyer une députation (3) au comte-duc qui
ne voulut d'abord rien entendre. Mais, grâce à l'intervention
du chancelier Pierre de la Trémouille et à l'intercession de
l'archevêque Girard d'Athier, l'affaire fut arrangée (4), et les
coupables en furent quittes pour une amende de dix mille
francs. Un pieux chroniqueur raconte que pendant « quelques trèves » que le comte-duc accorda alors à la cité, « les
citoïens se recommandarent à Dieu et feirent des proces-
sions moult solempnelles au *Sainct Esprit,* là où les plus
précieuses reliques de la cité furent pourtée. Au moyen de
quoy l'on accorda puis après tous les dicts différentz sans
aulcune guerre n'y effusion de sang (5). »

Il est permis de penser que ces divers événements qui
mettaient en question un des droits les plus précieux de leur

---

(1) Mandement en date du 1er septembre.

(2) V. GOLLUT, *loc. cit.,* p. 620.

(3) Elle était composée de Jean Belin, Jean Pourcelot, Jean Bonvalot,
Richard de Chancey et Jean d'Autoreille. (*Comptes de la ville de Besançon, 1400.*)

(4) A Ecole par les officiers du Duc et une députation composée du
Doyen, de Jacques de Roche, Jean Belin, Jean Thomassin, Richard de
Chancey et Jean Pourcelot. (*Ibid.*)

(5) V. *Doc. inéd.,* t. VII, p. 270.

seigneur, ainsi que de leur ville, ne furent pas sans émouvoir vivement les habitants d'Ornans, et que le rétablissement de la bourgeoisie de leur château, qui ne fut plus dès lors contestée, a été accueilli par eux avec joie. Nous avons vu précédemment que quelques années, après, en 1424, des sujets de la seigneurie de Belvoir désavouèrent leur château pour s'avouer bourgeois du comte-duc à cause de son château d'Ornans. Ils appartenaient aux villages de Laviron, Rahon, Sancey-le-Long, Charmoille, Ouvans et Surmont. Leur aveu, reçu par Besançon dit Gallopin, d'Ornans, « sergent-général de Monseigneur le Duc et Comte de Bourgogne », fut mis en écriture publique par Guillaume Grospain, d'Ornans, clerc tabellion-général du Comte de Bourgogne en la cour d'Ornans, et ce en présence de plusieurs témoins, parmi lesquels étaient Jehannat et Besançon Evrard, d'Ornans [1].

Philippe-le-Hardi mourut de la peste, au château de Hall en Flandres, le 27 avril 1404. Les historiens se sont accordés à reconnaître en lui « la valeur, la prudence, l'habileté politique, ils en ont fait sous d'autres rapports des tableaux fort divers [2]. » Le président Clerc a essayé « de peindre en lui le comte de Bourgogne. Cet aspect était peu connu. Comme tel il a accompli, en vingt ans et sans révolte, une grande révolution ; à Dole, comme à Paris, il s'appuya sur la bourgeoisie, contint la noblesse, punit Jean de Chalon et s'en fit un ami, arrêta toutes les guerres privées et affermit l'ordre nouveau par ses ordonnances et par la vigueur de ses parlements. Il créa la grande institution des Etats, éleva par les anoblissements une aristocratie nouvelle. Une paix inconnue régna dans le Comté après quarante années de guerre [3]. » On sait qu'il ne laissa cependant pas de quoi être inhumé, et

---

(1) V. Perreciot, *loc. cit.*, t. III, p. 313-6, pr. n° 144.
(2) Ed. Clerc, *loc. cit.*, t. II, p. 279-80.
(3) Id., *ibid.*, p. 279-80.

que ses fils durent mettre leur argenterie en gage, pendant que sa veuve, « pour s'affranchir des incalculables dettes de son époux, déposa sur le cercueil, en signe de renonciation à la communauté, sa bourse, sa ceinture et ses clefs (1) ». La coûtume du Comté lui en donnait le droit.

(1) Id., *ibid.*, p. 281-2.

CHAPITRE DEUXIÈME

Jean-sans-Peur. — Procès de Louis de Chalon-Auxerre II et confiscation de ses biens. — Prétentions de Jean de Chalon-Arlay III, prince d'Orange, sur ces biens et sur la terre d'Ornans. — Philippe-le-Bon. — Finances misérables. — Prêt des bourgeois d'Ornans à leur seigneur. — Inaliénabilité des domaines. — Obligation des contributions d'utilité générale pour les sujets des vasseaux.

Marguerite de Flandres survécut peu à son époux : elle mourut au mois de mars 1405. Alors Jean, son fils aîné, entra en possession de ses états héréditaires, dont elle avait conservé le gouvernement. Les débuts de celui qui devait porter dans l'histoire le nom de Jean-sans-Peur, furent pacifiques : il sembla d'abord vouloir se conformer dans ses actes aux traditions de sagesse que lui avait léguées son père. C'est ainsi qu'il confia, le 14 juin 1405, à une commission de conseillers choisis, la réforme des abus de la justice, qu'il renouvela, le 28 juillet suivant, son traité de garde avec la ville de Besançon, et qu'il se concilia l'affection des villes du domaine par la concession de nouvelles faveurs. Mais Paris ne devait pas tarder à l'attirer, et bientôt il sacrifia tout pour y reprendre la haute situation politique que son père y avait occupée. On vit dès lors se dérouler les différentes péripéties de cette existence dramatique qui devait se terminer sur le pont de Montereau.

Au milieu des luttes intestines qui divisèrent le comté de Bourgogne, comme le royaume, pendant les douze années suivantes, Jean-sans-Peur sut conserver l'amitié de Jean de Chalon-Arlay III, auquel son humeur turbulente devait plaire. L'habile Chalon la mit, d'ailleurs, à profit pour arrondir le riche patrimoine qu'il tenait de son père, patrimoine auquel était venu se joindre l'opulente succession de son beau-père, le prince d'Orange. Une circonstance, singulièrement favo-

rable, faillit lui faire attribuer, avec les biens de la branche
de Chalon-Auxerre, la terre domaniale d'Ornans, qui jamais
n'en a fait partie.

Louis de Chalon-Auxerre II, comte de Tonnerre, marié à
Marie de la Trémouille, qu'il délaissait solitaire au château
d'Orgelet, s'était épris des charmes d'une belle Aragonaise,
demoiselle d'honneur de la Duchesse. Une nuit d'hiver de
l'an 1407, il avait osé pénétrer, à la faveur d'un déguise-
ment [1], dans l'hôtel de la princesse à Douay, et avait été
surpris et arrêté dans la chambre de Jeanne de Perellos.
Rendu à la liberté, sous condition de renoncer à ses projets,
il pénétrait, peu de temps après, dans les appartements du-
caux et enlevait sa maîtresse. Furieux à la nouvelle de cet
attentat, Jean-sans-Peur avait ordonné de saisir le coupable,
ses châteaux et ses terres, et l'avait fait assigner devant le
parlement de Dole. Mais Louis avait gagné la France, et,
oubliant la femme à laquelle il avait donné sa foi et son nom,
épousait Jeanne de Perellos. Il fut banni à tout jamais du
comté de Bourgogne; ses biens, ses belles terres de Châtelbelin, de Monnet, de Montaigu, d'Orgelet et de Saint-Julien
furent adjugées au comte-duc, et, sous peine de perdre corps
et biens, il fut défendu de lui donner conseil, assistance ou
confort en aucune manière. Cet arrêt fut confirmé, en 1413,
lorsque Louis, accusé d'avoir voulu tuer le prince et de s'en
être ouvert à Jean de Chalon-Arlay, fut déclaré coupable de
lèse majesté. Il consommait la ruine de la maison de Chalon-
Auxerre jadis si florissante.

Le Mémoire historique, que nous avons déjà plusieurs fois
cité, dit qu' « il y a, dans les archives de la maison de Chalon, un manuscrit en vélin, dans lequel sont rapportés les
moyens dont Jean de Chalon, prince d'Orange, se servoit
pour obtenir de Jean, duc et comte de Bourgogne, la remise

---

(1) « ... mussiez en maistre d'hostel... » (*Lettres du comte-duc datér
de Bruges 15 mai 1407.*)

et institution des terres et seigneuries formant le partage
d'Auxerre et de Châtelbelin, confisquées sur Louis de Chalon, comte de Tonnerre, en 1407 et 1413, et adjugées au Duc
par arrest du parlement de Dôle... » Jean de Chalon soute-
nait que ces terres ne pouvaient pas être confisquées, parce
qu'elles lui étaient substituées par le testament de Jean, fils
de Tristan de Chalon, seigneur de Châtelbelin. Mais le comte-
duc répondait que le fait de cette substitution ne lui était
pas prouvé et que, le fût-il, la substitution elle-même ne
pouvait concerner des terres provenant, il est vrai, du partage de Vienne, mais depuis longtemps déjà réunies au domaine. Il nous semble inutile, après ce que nous croyons
avoir établi dans la première partie de cet essai, de nous
arrêter à démontrer combien le comte-duc avait raison.
Lorsque la maison de Chalon se divisa en plusieurs branches,
c'est-à-dire après la mort de Jean de Chalon-l'Antique, en
1267, nous savons déjà qu'il ne lui restait à peu près rien de
ce partage de Vienne recouvré par son chef en 1237.

Cela était vrai surtout pour la terre d'Ornans, dont ce partage ne comprenait, d'ailleurs, qu'une moitié. Et, cependant,
c'était cette terre que Jean de Chalon-Arlay visait plus particulièrement. La requête est le premier titre dans lequel on
voit les château, ville et châtellenie d'Ornans figurer, avec
le Val de Mièges, Arlay, Monnet, Monrond, parmi les terres
des contrées des Varasques et des Scodingues données, en
515, à l'abbaye d'Agranne, par le roi de Bourgogne saint
Sigismond et inféodées, en 941, par Meynier, prévôt de ce
monastère, à Albéric de Narbonne.

« On ne voit pas que cette contestation ait été suivie », dit
le mémoire précité ; nous le croyons sans peine : le testament de Jean de Châtelbelin, bien connu quoiqu'il eût été
rédigé dans un lieu écarté, ne laissait absolument rien à Jean
de Chalon-Arlay. Avant de partir pour la croisade qui devait
se terminer par la funeste journée de Nicopolis, Jean de
Châtelbelin avait fait rédiger son testament, le 3 mai 1396, à

Bruyères, près de Chay, en présence d'Amé de Chalon, abbé
de Baume, de Guillaume et de Joseph de Fétigny, d'Henri,
bâtard de Chalon, d'Humbert de Lisle et de quatre autres
témoins. Par cet acte, il fondait le chapitre d'Orgelet, réglait
le douaire de sa femme Jeanne de Guistelle, donnait à Jean,
bâtard de Chalon, l'office de châtelain d'Orgelet, et partageait
sa fortune entre sa sœur Alis, dame de Sassenage, et Louis
de Chalon-Auxerre, son cousin. Il donnait à Alis : Montfleur,
Arinthod, Dramelay et Chavannes ; et à Louis : Orgelet, Châtelbelin, sa part de la saunerie de Salins, Monnet, Montaigu,
partie de Lons-le-Saulnier, Bornay, Saint-Julien, Chay et
Hotelans [1]. On voit qu'Ornans n'est pas nommé.

On peut placer cette contestation entre 1413, année de la
confiscation des biens de Louis de Chalon-Auxerre II, et
1418, année de la mort du baron d'Arlay. Si l'on en croit
Dunod, elle ne fut pas tout à fait inutile à ce dernier, puisqu'il obtint la main-levée provisionnelle [2]. Louis de Chalon,
prince d'Orange, son fils, répéta le partage de Châtelbelin,
après la mort de Louis de Chalon-Auxerre II, tué, en 1424,
à la bataille de Verneuil. Mais il ne fut rendu qu'à Jean de
Chalon-Arlay IV, son petit-fils, par la comtesse Marie, vers
1476. Philiberte de Luxembourg, mère et tutrice de Philibert de Chalon, obtint, en 1503, la confirmation de cette
remise, de Philippe-le-Beau, fils et héritier de Marie de
Bourgogne [3]. Ornans ne figure pas parmi les terres rendues
qui sont celles de Rochefort, Châtelbelin, Orgelet, Montaigu,
Monrond, Vallempoulières et Monnet, avec droit de retrait
sur Saint-Aubin, Bornay et Chay [4].

Philippe-le-Bon, en apprenant l'assassinat de son père à
Montereau, pensa mourir, et l'histoire rapporte qu'il resta
trois jours sans manger et sans regarder sa femme Michelle

---

(1) *Arch. maison Chalon.*
(2) V. Dunod, *Comté*, t. II, p. 367.
(3) V. Id., *ibid.*, p. 323.
(4) V. Id., *ibid.*, p. 322.

de France, sœur du meurtrier. Il crut le venger en faisant alliance avec les Anglais; mais cette alliance contre nature ne lui porta pas bonheur. On connaît le traité de Troyes (31 mai 1420), cette œuvre de haine; rien de ce qui fut stipulé à la demande du duc de Bourgogne ne fut exécuté par ses tristes alliés. Après quelques succès obtenus contre le Dauphin, les revers ne tardèrent pas à arriver : tandis que Clarence se faisait battre à la journée de Baugé, Philippe, malade, était sur le point d'être fait prisonnier à celle de Mont-en-Vimeuse, où, cependant, il fut victorieux. Mais les frontières de ses états étaient toujours menacées et ses finances misérables. Il lui fallut avoir recours à la générosité des grands vassaux et des habitants des villes du domaine. « Plusieurs bourgeois d'Ornans, à l'imitation de leurs ancêtres, s'unirent et firent prêt au Duc... de vingt marcs d'argent fin pour être employé dans ses monnoyes; duquel prêt il leur fut expédié lettres par Jacquot Vurry, son trésorier-général, dattées du 30 janvier 1421. Du nombre de ces bourgeois se trouvent Antoine Perrenot et Guillaume Perrenot, auteurs du chancelier Perrenot de Granvelle [1]. » Puis il fallut demander un subside aux villes et au clergé, pour réparer les dommages causés par les incursions des partisans du Dauphin dans le sud des deux Bourgognes. Toujours attentifs à leurs intérêts, les habitants d'Ornans profitèrent de l'arrivée, dans leur ville, des commissaires chargés de lever cette contribution, pour réclamer d'eux de jurer, au nom de leur maître, de respecter leurs franchises et leurs privilèges « selon l'usage des comtes de Bourgogne nouvellement arrivés au pouvoir [2]. » Cette précaution préliminaire prise, les habitants d'Ornans prêtèrent serment de fidélité au souverain et payèrent à ses commissaires le don gratuit (mars 1422).

---

(1) *Mémoire historique sur la ville d'Ornans.*
(2) *Arch. d'Ornans.*

Nous avons vu Louis de Chalon-Arlay réclamer vainement, en 1424, avec le partage de Châtelbelin, les château, ville et châtellenie d'Ornans. L'émotion dut y être grande alors ; mais Philippe-le-Bon ne devait pas tarder à rassurer pour longtemps ses sujets d'Ornans au sujet de l'aliénation de son domaine. Dès 1429, en effet, il déclarait, dans des « lettres de don à réachat de la terre de Saint-Aubin à André de Toulonjon », qu'il avait cette terre « nonobstant que, par certaines nos ordonnances, *ne doyons donner ni aliéner nostre domaine pour quelque cause ou occasion que ce soit.* » Une ordonnance du 6 août 1446 [1] devant consacrer définitivement, dans les deux Bourgognes, le grand et utile principe de l'aliénabilité du domaine, qui l'était en France depuis le règne de Charles VII et qui fut renouvelé, en mai 1495, par Maximilien d'Autriche [2] et, plus tard, par Charles-Quint [3]. Aux termes de l'ordonnance de Philippe, les officiers des comptes devaient jurer de ne consentir à l'aliénation d'aucun bien domanial : aussi, lorsqu'en 1495, on voulut rendre à Jean de Chalon-Arlay IV les biens confisqués sur Louis de Chalon-Auxerre II, fallut-il que l'autorité ecclésiastique intervînt pour accorder à ces officiers dispense de leur serment [4]. Il n'y eut dès lors que Louis XI pour oser y toucher, comme nous le verrons dans la suite.

On sait déjà qu'il est constant pour nous que ce ne fut pas pour les réunir au domaine, bien que son fils aîné y fût intéressé, que Jean de Chalon-l'Antique avait acquis, de Hugues duc de Bourgogne, la moitié orientale de la seigneurie d'Ornans, puisqu'il s'empressa de l'inféoder en détail à son neveu Amédée de Montfaucon. La plus belle partie de cette terre, qui comprenait Vuillafans avec Montgesoye et Lavans, et Mouthier-Hautepierre avec le Châtelet, Hautepierre et Lods,

---

(1) *Nouv. inv. Ch. des compt.*, p. 245, l. II. 0.
(2) *Ibid.*, Rég. V, 441.
(3) *Ibid.*, Rég. III, 39 vᵒ.
(4) *Arch. maison Chalon,* donat. nᵒ 36.

ne tarda pas à devenir le centre de réaction féodale qu'elle est restée jusqu'à la révolution. Ce centre devint réellement redoutable par l'adjonction successive aux mouvances de Montfaucon, des terres de Cicon, de Durnes, de Vennes et de Vercel, et surtout après les aliénations partielles que la comtesse Marguerite de Flandres dut faire, en 1366, dans les villages d'Amancey, de Bolandoz, de Chantrans, de Chassagne, de Déservillers, d'Evillers, de Flagey, de Fallerans, de Saules, de Septfontaine et de Silley. Dès le siècle suivant, on voit les sujets domaniaux de ces villages, à l'instigation probable des officiers de Vuillafans, chercher à se soustraire à leurs obligations de sujets directs du souverain. On trouve, avec intérêt, aux archives d'Ornans, les pièces du « procez mehu et assiz », en 1445, « en la court du Bailly de Dole au siège d'Ornans, entre Huguenin, fils de fut Nicolas Poupon, tant en son nom comme pour et ou nom de Huguenin, fils de fut Crestin Poupon de Boillandoz [1] supplians, d'une part, et Jehan Coillard [2], Henry Daguetz, Henry Joly et Jehan Martel du dict Ournans, tant en leur nom comme proudhommes de la ville et communaulté du dict lieu, d'aultre part ». Huguenin et consorts arguaient de leur qualité de sujets du Châteauvieux de Vuillafans pour ne pas contribuer aux aides que le comte de Bourgogne « faisoit... pour ses affaires ou pour la deffense de ses pays, ou pour le prouffit et utilité de son dict conté de Bourgoingne ou de ses subjectz... » Les prudhommes répondaient qu'à ces aides devaient contribuer, cependant, « non mye tant seulement les hommes » du comte, mais tous ses sujets « ayant héritaiges, censes ou rentes ès villes, chastiaulx et forteresses » lui appartenant « estans en son dict conté de Bourgoingne, et ou finaux et territoire d'icelles villes... » Ils rappelaient que « de ce avoient esté donné au dict conté de Bourgoingne

---

(1) Bollandoz.
(2) Collard.

plusieurs sentences et arrestz ou parlement de Dôle... à l'encontre de plusieurs personnes qui se vouloient exempter... » Le jugement porte que les parties comparurent plusieurs fois devant les assises du bailliage, le 2 décembre 1446, le 20 mars 1448, le 8 mars 1452, et enfin le 3 juillet 1454, et qu'il y eut enquêtes, contredits, salvations et autres procédures. Le lieutenant-général du bailly, Guy des Haulx, ayant « tout vu, entendu, et considéré tout ce que en ceste partie se estoit à veoir, entendre et considérer, à grande mehure délibération et conseil... », finit par condamner Huguenin Poupon et consorts aux dépens.

CHAPITRE TROISIÈME

Charles-le-Téméraire. — Confirmation de l'exemption du logement des gens de guerre. — Réparation et armement du château. — Marie de Bourgogne. — Prise d'Ornans par d'Amboise. — Aliénation du domaine d'Ornans par Louis XI en faveur d'une de ses créatures. — Paix de Senlis.

L'exemption du logement des gens de guerre était une des franchises dont jouissait la ville et qu'elle estimait au plus haut prix ; ce qui s'explique facilement étant donné la composition des armées au moyen âge et jusqu'à la fin du dix-septième siècle. Cette faveur, que ses souverains lui avaient accordée en reconnaissance de sa fidélité et de son dévouement, fut confirmée par Charles-le-Téméraire, en 1473. Par lettres-patentes datées de Malines le 30 juillet de cette année, ce prince déclara que la ville d'Ornans étant « l'un des principaux sièges du bailliage de Dôle, et consi- » dérant que ses prédécesseurs comtes et comtesses de » Bourgogne avoient toujours eu en singulière et bonne » recommandation la ville d'Ornans et les habitants d'icelle, » tant en octrois de franchises et libertés qu'aultrement, il » enjoignoit et défendoit expressément à tous chefs et con- » ducteurs de ses troupes de loger en la dicte ville aucun » de leurs hommes, chevaux et équipages, ni d'y prendre » et exiger aucuns vivres et denrées à peine de désobéis- » sance (1). » On peut penser que cette franchise fut souvent violée dans le cours des deux siècles agités qui suivirent, et qu'elle dut être confirmée de nouveau plusieurs fois. Aussi verrons-nous plus tard qu'elle le fut en 1498 par Philippe-le-Beau, en 1531 par Charles-Quint, en 1584 par Philippe II,

---

(1) *Arch. d'Ornans.*

en 1595 par le capitaine-général espagnol Alonzo Idiaguez,
et 1616 par les archiducs Albert et Isabelle-Claire-Eugénie.

En même temps que le nouveau comte-duc mettait ainsi
sa ville d'Ornans à l'abri des exigences des gens de guerre,
il faisait mettre son château en état de défense. A cette
époque, cette forteresse n'était défendue artificiellement que
du côté du nord, par un fossé et une courtine flanquée de
deux tours rondes. Cette courtine était percée, en son milieu,
d'une porte à laquelle on accédait par un pont-levis, et qui
n'était pas couverte, comme dans la suite, par une demi-
lune. Une autre petite porte ou poterne, qui s'ouvrait sur un
escalier pratiqué entre deux rochers du côté de l'est, servait
de porte de secours (1). La fortification était complétée par
l'escarpement de la terrasse rocheuse sur laquelle le château
est assis. Une tour ronde à trois étages fut édifiée « en la
panne (courtine) des murs au plus près de la porte », pour
en battre les fossés et les avenues. On donna aux murs de
cette tour une épaisseur de cinq pieds « le Comte » et on les
revêtit extérieurement « de bons gros quartiers de pierre
esquerrez à pointe de martaul. » Chacun de ces étages fut
muni de trois bonnes canonnières faites de pierres « à bosses
par dehors et des plus gros quartiers... afin d'estre plus sûrs
contre artillerie. » Leurs planchers furent soutenus par des
« bouchots de pierre », et « le tiers estaige... faict à vote »
fut couvert de tables de pierre imbriquées les unes sur les
autres « en telle manière qu'il ne pleust point en la dicte
tour, mais part l'eau par un conduict qui chiet ès dictz fous-
sez. » Enfin, on construisit au-dessus de la voûte « cinq cré-
neaulx revestuz de tables pour y mettre barbacanes, affin de
deffendre dez le dessus à couvert la dicte tour (2). » En même
temps, la courtine fut percée de « deux pertuis ronds, pour

---

(1) Elle existe encore.

(2) Cette tour figure dans les armoiries qu'Ornans s'est données plus
tard.

par iceulx tirer de gros bastons à feu en l'advenue du dict chastel », on en reconstruisit entièrement seize toises, et l'on fit « cinq toises de meurs... à chaulx et arainne pour la fortiffication de la ponterie, qui de tout estoit en ruyne. » Les retrahants du château payèrent une partie de ces réparations et firent « oultre ce... le charroy de la... pierre, de la chaulx, de l'arainne et bois nécessaires... en quoi on a fort foulé les dicts retrayants (1)... »

Dès le mois de mai, on amena « au chastel du dict Ornans, pour la deffense d'iceluy, six gros bastons à feu... assavoir une serpentine pesant 325 livres, dez Salins, et ung gros cortaulx dez Joux et Ponterlie, iceulx bastons feurent, par l'advis des officiers de mon dict seigneur ou dict Ornans, affeutez et mis en estat comme il appartient (2)... » Il est douteux que ces moyens de défense eussent préservé Ornans, qui a toujours été une ville ouverte, des atteintes des aventuriers suisses qui, à cette époque, avaient franchi les gorges du Jura neuchâtelois, envahi le val de Saugeois, pillé l'abbaye de Montbenoît et enlevé, presque sans résistance, Pontarlier et son château. L'échec que ces pillards subirent devant la Rivière et qui les contraignit à reprendre le chemin du comté de Neuchâtel, épargna leur visite à la vallée de la Loue. L'année suivante, alors qu'un grand nombre de localités voisines de la Suisse, Mouthe, Rochejean, Jougne, Mor-

---

(1) Ces réparations, exécutées par Besançon Nicolas, d'Usier, et Jean Prêtre, dit Bisot, maçon, en vertu d'un marché passé par devant Guillaume Perrenot, notaire, en présence du capitaine-châtelain, Besançon Philibert, le 20 avril 1475, furent reçues par ce dernier et Pierre Euvrard, lieutenant du bailly de Dole à Ornans. V. aux Arch. de la Côte-d'Or les *comptes des trésoriers de Bourgogne.*

(2) « En quoy l'on employa trois cens soixante quatorze libvres de fer, y comprins certains ouvraiges, comme les chaines du pont-levis faict en iceluy chastel et aultre fer y nécessaire, les paulmelles et verroulx des portes de la tour faictes à neuf on dict chastel, et de la ponterie, ensemble de deux pièces de fer employées pour la serpentine. » Le prix de ces ferrures fut payé à Regnault Jehannot « par la main de Guillaume Gouzel... commis à la recepte du dict Ornans. » V. *Ibid.*

teau, les villages de Saugeois et ceux de la châtellenie de
Réaumont, cherchaient leur sûreté dans la protection de
Berne, qui s'empressait d'accueillir leur demande et de leur
délivrer des lettres de protection et de sauvegarde, les habitants d'Ornans et de son ressort ne furent pas inquiétés. Ils
le durent peut-être à la résistance du château de Joux. On
lit, en effet, dans les lettres de la comtesse Marie, données
à Bruges le 25 septembre 1477 et portant institution de Ca-
therin Bouchet (1) aux fonctions de capitaine-châtelain de
Joux, qu'il avait exercées avec honneur pendant la guerre,
que « tous les pays à l'entour aïant esté destruicts et brulés
» par les Suisses et Bernois, ce nonobstant le dict chastel
» est *demeuré en estal et en son entier*, tellement qu'à ceste
» occasion... nostre dict pays de Bourgongne a esté moins
» adomaigé qu'il n'eust esté (2)... »

Ornans fut ensuite moins heureux. Charles-le-Téméraire
ne laissait qu'une fille, âgée de vingt ans, comme héritière
de ses immenses domaines. Louis XI se hâta de faire occu-
per militairement les deux Bourgognes, sous prétexte de
sauvegarder les droits de mademoiselle de Bourgogne, sa
proche parente et filleule. Les villes, séduites par ce miel-
leux langage, reçurent des garnisons françaises ; mais elles
ne tardèrent pas à les expulser. Après le mariage de la comtesse avec Maximilien d'Autriche, Guillaume de Vaudrey reprit Gray, la seule place où Craon eût pu se maintenir, et le
camp de celui-ci, assailli par la garnison de Dole qu'il assié-
geait, fut pris d'une telle panique, qu'il laissa prendre son
artillerie.

Mais Louis XI ne tarda pas à reprendre l'offensive avec de
formidables moyens. Ce fut alors que « le château d'Ornans
fut attaqué et pris et les habitants mis à contribution. Les

---

(1) Il était, en 1458, lieutenant du bailly d'Aval à Pontarlier et, en 1473,
un des échevins de la ville. V. Droz, *Bourg du roi*, p. 67 et 167.
(2) V. aux Arch. du Doubs, *Inv. Ch. des compt.*, J. 72.

nobles et les bourgeois demeurèrent attachés à la princesse Marie, leur souveraine ; ils souffrirent la confiscation de leurs biens, particulièrement Othenin de Chassagne qui fut totalement dépouillé (1)... » Des lettres-patentes de la princesse et de l'empereur Maximilien, son époux, rendaient quelques années après, « un témoignage glorieux du zèle de ce seigneur et des habitants, et récompensaient Othenin de Chassagne par le don de la seigneurie de Colonne et le gouvernement des ville et château d'Ornans (2). » Si l'on en croit Gollut, c'était la deuxième fois qu'Othenin de Chassagne était privé de ses biens, « qui furent donnés à Séverin Brisse et à Edouard Offendi, hommes d'armes de la garnison de Bracon (3). »

Les habitants d'Ornans ne furent pas frappés seulement dans leurs biens : ils furent atteints aussi dans leur honneur de sujets directs du souverain et de citoyens d'une ville libre. Par lettres-patentes données au mois de juin 1479, à Méry-sur-Seine, Louis XI donna la terre d'Ornans à l'un de ces hommes de basse extraction dont il aimait à s'entourer, son « chier et bien amé escuïer d'escuïerie .. Anthoine Symon », en considération des « bons, agréables et recommandables services (4).... faictz par cy devant.... », particulièrement ou faict de la réduction... de nostre Comté de Bourgongne (5), où il s'est bien et honnestement employé, sans y espargner sa personne..., *nonobstant que la dicte terre et seigneurie de Dornans soit de l'ancien domaine... et que l'on veuille dire que nous ne le povons et debvons aliéner...* Il paraît que cette violation formelle de l'ordonnance du 6 août 1446 rencontra de l'opposition, puisque ce ne fut qu'un an après, le 2 juin 1480, que les ordres du roi furent exécutés. Guillaume

(1) *Mémoire historique sur la ville d'Ornans.*
(2) *Ibid.*
(3) GOLLUT, *loc. cit.,* p. 939 et 942.
(4) Dieu sait lesquels !
(5) Il ne s'agissait plus alors des droits de Mademoiselle de Bourgogne.

de Hauchent, seigneur d'Arillières, chevalier, conseiller et chambellan du Roy et son bailly de Dole, donna l'ordre à un sergent, qui fut Jehan Perrin de Dole, de mettre l'écuyer Simon en possession de la terre d'Ornans. Cette exécution eut lieu le 4 juin, « présentes discrètes personnes Messire Othe Philibert, Pierre Saillard, prêtre, Pierre Philibert, Pierre Euvrard, Jean Philibert du dict Ornans et plusieurs aultres... » Le 4 août, « les gens des comptes du Roy consentent *en tant qu'il est en eux à la dicte cession.* » Cette aliénation, qui ne dura que deux ans, au terme desquels Simon était mort, fut, pour les habitants d'Ornans, une telle humiliation, qu'ils semblent avoir pris à tâche d'en faire disparaître toute trace : on ne trouve dans leur chartrier aucune des pièces que nous venons de citer et dont la découverte, aux Archives de la Côte-d'Or, est assez récente (1). L'intrus mourut-il sans « hoirs et successeurs, mâles et femelles, nez et à naistre, descendans de luy en loyal mariaige », ou Louis XI finit-il par se rendre aux observations de ses gens des comptes de Dole et de Dijon, et racheta-t-il son domaine moyennant « rescousse de deux mille escuz », ainsi qu'il s'en était réservé le droit, toujours est-il qu'en 1483, les recettes et dépenses de la terre et seigneurie d'Ornans figurèrent de nouveau dans les écritures des trésoriers de Bourgogne. Mais la malheureuse ville domaniale ne fut assurée contre le retour de pareille avanie que par la paix de Senlis qui ne survint que dix années plus tard. On sait que ce traité rendit la Franche-Comté aux enfants de Marie de Bourgogne ; mais elle leur fit perdre, avec le duché, fief prétendu masculin (2), la vicomté d'Auxonne et le ressort de Saint-Laurent (3), qui n'en faisaient point partie et étaient comtois.

---

(1) Elle est due à M. Marlet.
(2) Lire Gollut à ce sujet.
(3) Echangés, en 1237, par Jean de Chalon contre Salins et Ornans.

CHAPITRE QUATRIÈME

Progrès des institutions publiques pendant la période ducale. — Eglise Saint-Laurent : fondations de Jeannenot Chaudirier et de sa femme, aumône de Chistophe Darc, anniversaires. — Création du bailliage du Milieu ou de Dole. — Assiette définitive du ressort d'Ornans. — Extension des franchises et privilèges. — Nouvelles familles nobles. — Familles bourgeoises.

L'église Saint-Laurent, ainsi que nous l'avons déjà vu, a été de bonne heure enrichie par la piété des habitants d'Ornans et avait déjà, au XIII⁰ siècle, des chapelains et un corps de familiarité. Il y a longtemps qu'on a dû reléguer parmi les fables cette assertion de J.-J. Trouillet et de quelques-uns de ses prédécesseurs, que la fondation de la familiarité était due à Pierre Guitaud, qui voulut bien partager, avec les prêtres habitués, la desserte et les revenus des fondations faites au profit du seul curé d'Ornans [1]. Les archevêques Antoine de Vergy, en 1520, et Ferdinand de Rye, en 1593, n'ont fait que confirmer ce qui existait déjà. Un riche bourgeois de la ville, pourvu de l'office important de clerc tabellion-général du Comté de Bourgogne à Ornans, Jeannenot Chaudirier [2], par acte du 9 février 1451, donne et confère une « chapellenie ou prestimoine au corps de
» l'église d'Ournans, c'est assavoir aux Curé et Chapelains
» institués et servant Dieu en la dicte église, et aussi à tous
» aultres Chapelains natifs du dict Ournans non institués en
» la dicte église, qui de présent y sont, et qui par le temps
» advenir y seront résidans et faisant résidence personnelle

---

(1) Nous verrons plus tard quel moyen inavouable le curé Jean Chaudeleuse employa pour en rendre la négation impossible.

(2) Ses initiales ornent la clé de voûte de la deuxième travée de la nef dite du Rosaire (nef latérale gauche) de l'église Saint-Laurent.

» en la dicte ville d'Ournans et servant Dieu en la dicte
» église. » Il y avait donc, avant l'année 1520, un corps de
prêtres établis dans l'église d'Ornans pour la desserte des
offices, corps composé de chapelains titulaires ou familiers,
et, à côté de ce corps, d'autres chapelains qui n'avaient pas
d'autre titre à y être que celui d'enfant de la ville. Jeannenot
Chaudirier les appelait tous indistinctement à la desserte de
sa prestimoine.

Quoi qu'il en soit, le but de sa fondation était de « des-
» servir icelle chapellenie des messes ci-après, c'est assa-
» voir de six messes chascune semaine que le dict curé et
» les dicts chapelains seront tenus de célébrer... perpétuel-
» lement en l'autel d'icelle chapellenie... » Le pieux fonda-
teur et sa femme, Etiennette (1) de Bonnaire, avaient déjà
légué, en février 1447, pour quatre anniversaires à célébrer,
dans l'église d'Ornans, « ès octaves des festes Nostre-Dame,
» c'est assavoir de la Nativité, la Conception, l'Annonciation
» et l'Assomption », en la chapelle par eux fondée, d'abord
la somme de trente sous estevenants, puis une autre somme
de soixante sous assignée sur des fonds de franc-alleu qu'ils
possédaient à Trepot (2). Le 26 août 1449, Etiennette de Bonnaire y ajoutait deux florins de monnaie assignés sur une
cense à Montgesoye et trois pièces de pré sises à Ornans, et
Jeannenot Chaudirier, pour un cinquième anniversaire à
l'intention de sa belle-mère, Jeannette de Bonnaire, cinq
sous de cense « lesquelx lui doibt chascun an Othenin Charmigney d'Ournans (3). » Les dispositions de 1451 furent com-

---

(1) Estevenette. — Sa tombe, dont nous donnons ci-joint le dessin, était,
avant 1839, dans la nef dite du Rosaire de l'église Saint-Laurent (nef latérale gauche).

(2) « ..., lesquels héritaiges furent acquis par feu Huguenin de Bonnaire,
» de feue Dame Marguerite de Granges, veuve de feu Messire Hugues de
» Dampmartin, jadis chevalier, et de feu Renault de Dampmartin, jadis
» escuyer, leur frère, pour la somme de deux cens florins d'or.

(3) Les quatre actes de 1447 et 1449, qui sont aux Archives d'Ornans,
sont signés par J. Chaudirier et son coadjuteur au tabellionné, Jean de

plétées par deux actes postérieurs, l'un de 1453 et l'autre du 26 février 1456 [1].

Quelques années plus tard, le 16 mai 1491, Christophe Darc, bourgeois du château d'Ornans, élisait la sépulture de son corps « ou cymetière de l'église parrochiale de mon dict » Seigneur Sainct Laurent du dict Ornans, assavoir ès lieu » place où sont enterrez et inhumez mes prédécesseurs... » et « donne à Monsieur le Curé du dict Ornans pour son au- » mosne... la somme de trente solz estevenans pour une » fois, affin qu'il soit entenu et plus enclin prier Dieu pour » ma dicte ame... » En même temps, il « donne et lègue aux » luminaires de Nostre-Dame et de mon dict Sainct Laurent » trois solz estevenans [2]... » D'après un Obituaire des XIVe, XVe et XVIe siècles, qu'on trouve aux archives d'Ornans, les anniversaires étaient déjà fort en usage et on les payait de trois à quarante sous estevenants, selon le degré de solennité. La rente de ces sommes était assignée sur des fonds de terre ou des maisons [3].

Le comte-duc Philippe-le-Bon ayant créé le *grand bailliage du Milieu* ou *de Dole*, par lettres datées de Montbard, le 24 juillet 1422, le siège d'Ornans, qui avait fait jusqu'alors partie du grand bailliage d'Aval, devint le deuxième siège du

---

Chassagne le jeune. Une des deux donations de 1447 porte en outre le seing manuel de Pierre Philibert, d'Ornans, « notaire de la grand court de Besançon. »

(1) Les actes de 1451, 1453 et 1456 ont disparu des Archives d'Ornans, par le fait, paraît-il, du curé Jean Chandeleuse, avec la complicité du notaire Guillaume Doney. — V. *Réfutation du mémoire du sieur Trouillet, curé d'Ornans, pour les sieurs prêtres-familiers de la même ville*, p. 4.

(2) Ce testament a été reçu par Pierre Perrenot, tabellion général au comté de Bourgogne. Il est aux Archives de Poligny.

(3) « *Obiit uxor nobilis viri Hugonis Philiberti de Ornanco, anno Domini millesimo quatercentesimo octogesimo septimo, quæ pro anniversario suo et Hugonis ejus mariti omni anno celebrando, dedit censum perpetuum trium eminarum frumenti, reservata facultate redimendi pro pretio seu summa octo francorum monetæ currens.* »

nouvel établissement. Les localités qui en formèrent dès lors le ressort étaient au nombre de 110 [1]. Ce vaste ressort comprenait, avec la terre domaniale d'Ornans, les fiefs archiépiscopaux d'Etalans, de Foucherans et de Fallerans *de Monte et de Capellâ,* la baronnie de Maillot et les châtellenies de Châteauneuf et Châteauvieux de Vuillafans, de Châtelneuf-de-Vennes, de Cicon, de Durnes, de Fertans, de Montfaucon, de Montmahoux, de Montrond, de Réaumont, de Scey-le-Châtel, de Vennes et de Vercel [2].

Les comtes-ducs ont donné, aux franchises et privilèges de la ville d'Ornans, une extension qui fit, de son régime municipal, un des plus libéraux de la province. Par lettres du 15 mai 1430, Philippe-le-Bon reconnut aux habitants et bourgeois *le droit d'imposer tous ceux,* sans exception, « *tenant héritaiges de la bourgeoisie d'Ornans.* » Cette mesure n'était pas sans utilité à une époque où les nouveaux nobles,

---

(1) Adam-les-Vercel, Amagney, Amancey, Amathay, Amondans, Arcier, Athose, Avoudrey, le Barboux, le Bélieu, le Bisot, Bolandoz, Bonnétage, Bonnevaux, Bouarre-de-Vennes, la Bresse, Cademène, Chalèze, Chalezeule, Chantrans, Charbonnières, Chasnans, Chassagne, Chevigney, la Chenalotte, Cléron, Déservillers, Durnes, Echevannes, Epenouse, Epenoy, Epeugney, Etalans, Eternoz, Etray, Evillers, Fallerans, Fertans, Flagey, Flangebouche, les Fontenelles, Foucherans, les Fourgs, Fuans, Gennes, Goux-les-Vercel, Grandfontaine, Guyans-les-Durnes, Guyans-Vennes, la Grange-du-Scey, les Grange-Vienney, Hautepierre, l'Hôpital-du-Grosbois, Labergement-du-Navois, Lavans-Vuillafans, Lods, Longechaux, Longeseigne, Longeville, Loray, le Luhier, le Luisans, Maisières, les Maisonnettes-de-l'Ermitage, Malbrans, Mamirolle, Mérey-sous-Montrond, Megemont, Montbéliardot, Montfaucon, Montgesoye, Montmahoux, Montrond, Morre, Mouthier-Hautepierre, Naisey, Nancray, Narbier, Nau-de-la-Léane, Nods, Novillars, Orchamps-Vennes, Ornans, Passonfontaine, Plaimbois-de-Vennes, Plaimbois-du-Miroir, Rantechaux, Refranche, Reugney, Roche, Rurey, le Russey, Saules, Scey-en-Varais, Septfontaine, Silley, Saône-le-Grand, Saône-le-Petit, Tarcenay, Thise, Trepot, Vaire, le Valdahon, Vernierfontaine, la Verrière-du-Grosbois, Vésigneux, la Villedieu-les-Vercel, Villers-sous-Montrond, Voires, Vuillafans.

(2) V. les sceaux connus du bailliage d'Ornans, in J. GAUTHIER, *Inv. des sceaux des jur. souv. et dom. du comté de Bourgogne,* in *Bul. Acad. Bes.,* 1884. p. 243-4.

les Chassagne, les Grospain, les Perrenot, les Chantrans, les Philibert, cherchaient déjà à se soustraire à leurs obligations municipales et, particulièrement, au paiement de l'imposition appelée le *jet de la Saint-Michel.* C'est à Philippe-le-Bon qu'Ornans est aussi redevable d'une déclaration « comme les dictz habitans ont *droict et authorité de pou-* » *voir vendre, aliéner et diviser leur communaulx* à leur » prouffit particulier. » Enfin, le 1er décembre 1471, le comte-duc Charles déclara que les habitants d'Ornans ont le droit de « pouvoir hayer et chasser à bestes sauvaiges rière » le finaige et territoire d'Ornans (1). »

Le régime ducal a été favorable à la bourgeoisie par l'énergique répression des entreprises des seigneurs, par l'application rigoureuse des ordonnances qui déféraient au parlement la révision des sentences de leurs justices, par la création des Etats, où les députés des bonnes villes et des terres domaniales concouraient au vote et à la répartition des impôts. Aussi les bourgeois étaient-ils très dévoués aux comtes-ducs qui surent se les attacher plus étroitement encore par le système des annoblissements. Leur règne vit les débuts des premières familles nobles bourgeoises d'Ornans, des familles de Chassagne (1377), de Grospain (1377), Perrenot (1391), de Chantrans (1402), Philibert (1414), de Dammartin (1447), d'Andelot (1457), Gonzel (1475).

Les personnages les plus connus de la famille de *Chassagne,* aux XIVe et XVe siècles, sont : Guillaume, notaire à Ornans en 1377, 1379 et 1402 (2) ; Hugon (3), licencié-ès-droits, qui fut banni, en 1407, de Besançon, pour avoir gardé l'interdit lancé sur la ville par l'archevêque Thiébaud de Rougemont (4) ; Thiébaud, licencié-ès-droits-et-décrêts, député par Besançon au comte de Jean-sans-Peur pour lui

---

(1) V. *Arch. d'Ornans, Anc. inv.,* nos 9, 56 et 59.
(2) V. GUILLAUME, *loc. cit.,* t. I, p. 191.
(3) Sa tombe était, avant 1839, dans l'église Saint-Laurent.
(4) V. Ed. CLERC, *loc. cit.,* t. II, p. 296.

offrir le gouvernement temporel de la ville (1407) [1] ; Jean,
dit le jeune, notaire (1447 et 49) ; Jean, écuyer (1451), qui
se maria, en 1456, avec Jeanne de Villers, fille de Vauthier
de Longeville qui lui donna, en 1459, les droits qu'il avait
sur les fours et moulins d'Ornans [2] ; Catherine, fille de
Pierre et sœur de Jean et de Pierre, prêtre, femme de Henri
de Scey (1455) [3] ; Philibert (1459) ; Pierre (1479) ; Othenin,
capitaine du château d'Ornans (1492) [4]. — Chassagne portait : *d'argent à trois cotices de sable.* On trouve ses armoiries sur une clé de voûte de la chapelle du Rosaire dans
l'église Saint-Laurent, au-dessus d'une porte d'une maison
du xvi° siècle située près de l'hôtel de ville, et au-dessous
d'une console à l'angle d'une maison qui fait le coin du
Pont-Dessous et de la rue Saint-Laurent.

Le plus anciennement connu des *Grospain* est Othenin,
dit Grospain, dont le nom figure en 1377, dans un acte de
délimitation des bois d'Ornans et de Chantrans [5]. Viennent
ensuite Guillaume, notaire (1418) ; Estevenin qui meurt en
1458 ; ses fils, Guillaume, notaire de la grande cour de Besançon, exécuteur testamentaire de Catherine de Vy, femme
de Vauthier de Longeville, seigneur de Villers, en 1459 [6],
annobli vers 1460, Jean (1479) et Pierre (1479) ; Guillauma,
femme de Jean Perrenot. Les Grospain portaient : *d'azur à
la fasce d'or accompagnée de trois besans d'or posés deux
et un.* Leurs armoiries ornent le chapiteau du troisième
pilastre de la nef dite de Granvelle, nef latérale droite de
l'église Saint-Laurent, et l'une des cheminées de l'ancien
hôtel de ville qui leur a appartenu.

Les *Chantrans* du xv° siècle sont : Estevenin (1402) ; Jean

(1) V. In., *ibid.,* p. 297-8 et 303.
(2) V. Guillaume, *loc. cit.,* p. 61.
(3) V. In., *ibid.,* p. 319.
(4) V. Gollut, *loc. cit.,* p. 942.
(5) *Arch. d'Ornans.*
(6) V. Guillaume, *loc. cit.,* p. 61.

(1404) ; Guillaume et Jean qui entrent, en 1430, au service
de Louis de Chalon-Arlay [1] ; Estienne, capitaine-châtelain
d'Ornans en 1435 ; Jean, capitaine-châtelain, en 1449 ; Henri,
chevalier de Saint-Georges, en 1494. Ils portaient : *de
gueules à trois chevrons d'argent.* Leur écu se trouve
encore sur une porte d'une maison du XVIᵉ siècle près de
l'hôtel de ville.

Jean *Philibert*, d'Ornans, écuyer, testa, en 1414 [2]. En
1469, Pierre Philibert, noble homme, est exécuteur testamentaire de Vauthier de Longeville avec Jean de Chassagne [3]. En 1470, Besançon Philibert son fils, est capitaine
du château. Nous avons vu Othe, Pierre et Jean Philibert
être témoins, en 1480, de la remise des château, ville et seigneurie d'Ornans à l'écuyer Simon, Pierre et Besançon Philibert sont témoins, le 25 novembre 1484, du mariage de
Jean de Scey, fils de Henri de Scey, seigneur de Fertans,
avec Catherine, fille de Guillaume d'Epenoy, seigneur de
Maillot [4]. Pierre Philibert était le beau-père de Pierre Perrenot. L'obituaire que nous avons déjà cité, donne, à la date
de 1487, le nom de Vuillermette, femme de noble homme
Hugues Philibert. Les Philibert, dont la famille s'est éteinte
au XVIᵉ siècle, portaient : *d'argent à trois bandes de sable.*

Les *Dammartin*, dont il est parlé dans une des fondations
d'Etiennette de Bonnaire, femme de Jeannenot Chaudirier
(6 février 1447), n'ont pas laissé grande trace dans les an-
nales d'Ornans. Une prairie y porte encore le nom d'*Oie-
Dammartin.*

Les d'*Andelot* de Myon ont résidé à Ornans, où ils possédaient un meix qui a longtemps porté leur nom et celui
des Cléron. Ils tenaient ce meix des d'Ornans par Marguerite d'Ornans, sœur des frères Jean d'Andelot, de Pontarlier

---

(1) V. ID., *ibid.*, p. 416 et 487.
(2) V. GUILLAUME, *loc. cit*, t. I, p. 60.
(3) V. ID., *ibid.*, p. 61.
(4) V. ID., *ibid.*, p. 198.

1457 (1). Jean d'Andelot l'ainé est nommé dans deux titres des archives d'Ornans aux dates de 1479 et 1482 (2), et dans un des titres produits, en 1540, par Antoine Perrenot, seigneur de Granvelle, pour prouver sa noblesse (3). Les d'Andelot portaient : *échiquier d'argent et d'azur à un lion de gueules brochant sur le tout, timbré et couronné d'or au léopard lionné de même.*

La famille *Gonzel* fait son apparition dans l'histoire d'Ornans en 1475, dans la personne de Guillaume Gonzel, commis à la recette. Les Gonzel, annoblis plus tard, portaient : *d'azur au chevron d'argent accosté de trois pommes dardées de même posées deux et une.*

A la même époque, on voit paraître dans les actes publics et privés, les noms de la bourgeoisie moyenne, Bidalot, Charmigney, Colard, Collot, Cuenot, Daguet, Dard, Dubief, Euvrard, Estevenon, Martel, Mercier, Oudot, Pernet, Saillard, Saulnier, qui existent encore pour la plupart.

---

(1) C'est à cette succession qu'Ornans doit de compter parmi ses enfants Jean d'Andelot, baron de Jonvelle et seigneur de Myon, premier écuyer de l'écurie de Charles-Quint et commandeur de l'ordre d'Alcantara, dont la vaillance à Pavie est signalée par Gollut, ainsi que celle de son compatriote Etienne de Grospain. — V. GOLLUT, *loc. cit.,* p. 1035.

(2) « Noble homme Jehan d'Andelot... », « la terre noble homme d'Andelot... »

(3) « *Joannes d'Andelost, dicti loci...* »

PÉRIODE ARCHIDUCALE (1494-1566)

CHAPITRE PREMIER

Philippe-le-Beau (1494). — Lettres de sauvegarde (1498). — Avènement de
Charles-Quint (1506). — Marguerite d'Autriche, comtesse-viagère de
Bourgogne (1506-1530). — Nicolas Perrenot de Granvelle. — Origines
de sa famille. — Son administration. — Bataille de Pavie (1524). — Jean
d'Andelot et Etienne de Grospain. — Paix de Cambrai (1529). — Prospérité de Nicolas Perrenot.

Cette période comprend surtout le règne de Charles-Quint,
qu'on a appelé avec raison l'*âge d'or* de la Franche-Comté.
Elle fut, pour Ornans, comme pour la province elle-même,
une époque de gloire et de prospérité. Tandis que les plus
brillants de ses enfants, les Andelot, les Chantrans, les
Chassagne, les Grospain, les Perrenot de Chantonay et de
Champagney s'illustraient sur tous les champs de bataille,
Nicolas et Antoine Perrenot de Granvelle mettaient à profit
leur haute situation auprès du plus puissant des monarques,
pour procurer à leur ville natale les plus grands avantages
et l'extension de ses extraordinaires privilèges.

Philippe-le-Beau, archiduc d'Autriche, n'avait que quatorze
ans, lorsque le roi Charles VIII lui rendit l'héritage de sa
mère. Son père Maximilien, qui venait de monter sur le trône
impérial, prit en main le gouvernement de ses états des
Pays-Bas et de Franche-Comté (1). Ornans doit à ce prince

_____

(1) En date du 28 octobre 1498.

des lettres de sauvegarde, dont l'original a disparu, mais
dont la teneur nous est connue par une lettre de Guillaume
de Vergy, maréchal de Bourgogne, aux « capitaines et aultres
gens de guerre tenant le party de nos dicts seigneurs ».
Vergy leur enjoint de ne loger et souffrir loger à Ornans
« ne ranssoner ou apâtir les dicts habitans (d'Ornans), soit
que ce soit pour mandement de garnison ou aultrement en
quelque manière que ce soit,.,. et iceulx habitans laisser et
souffrir joyr du bénéfice de ladite garde et choses dessus
dictes, toutes excuses cessans... (1) » Maximilien avait investi
Guillaume de Vergy de pouvoirs considérables. « Environ ce
» temps, dit Gollut, de l'an 1496, l'empereur Maximilien...
» se trouvant à Fribourg en Brisgoow, declairat (le 19 de
» Juing) ledict sieur de Vergy, général de tous les gens de
» guerre qui estoient et se trouvoient en Bourgougne : luy
» donant tacitement, la commission des armes qui seroient
» levées ès deux Bourgougnes. Et le premier de Juillet sui-
» vant, l'instituat capitaine général de Bourgougne, et luy
» donat puissance d'expédier toutes affaires de Justice, re-
» mission, reliefs, provisions d'offices, bénéfices et autres
» quelconques... Et par les mesmes lettres, fut donée autho-
» rité au dict sieur de quitter, exigir, et appointer des con-
» fiscations de ceux qui hauroient offencé leurs Majestés :
» voire ès cas privilégiés (2). »

On sait que Philippe-le-Beau épousa, en 1495, Jeanne-la-
Folle, fille de Ferdinand et d'Isabelle. On ne pensait point
alors que l'infante serait, moins de quatre ans après, l'héritière de la couronne d'Espagne. Trois personnes, en effet, la
séparaient du trône, Don Juan son oncle, Isabelle sa tante
et Miguel son cousin, qui moururent tous trois dans la même
année (1498-99). Il avait été traité, à la même époque, du

---

(1) « Donné à Montferrand soubz nostre nom le second jour du mois de
décembre l'an mil IIIIᶜ IIIIˣˣ et dix-huit. Signé G. de Vergy. »

(2) GOLLUT, *loc. cit.,* p. 946.

mariage de l'archiduchesse Marguerite avec l'infant Don
Juan, mariage qui ne fut accompli que deux années plus
tard. La pauvre Marguerite, qui avait failli porter la couronne
de France, perdit, avec Don Juan, les prétentions qu'elle
avait pu avoir à celle d'Espagne (1). Mais chez elle l'épouse
dominait la princesse : elle devait trouver plus tard, dans sa
trop courte union avec Philibert-le-Beau, duc de Savoie,
toutes les satisfactions que réclamait son cœur.

L'année suivante « nasquit l'invincible Charles, qui fut
Empereur, au temps, auquel la corone des Hespagnes fut
déférée à Dogna Jouana sa mère : ainsi il pleut à Dieu
faire l'ouverture à la plus célèbre grandeur, aux maisons
d'Austriche et de Bourgougne, lorsque l'on les pensoit estre
plus abaissées, et luy pleut encore, faire naistre d'icelles,
un chef, qui non seulement maintiendroit, mais accroistroit
encore cette grandeur. Ce qui advint...: et pour ce Dogna
Jouana haïant prins les droits d'ainesse, fut rappelée avec
son mary, pour venir en Hespagne et pour estre jurée Princesse héritière : suivant quoy, l'Archiduc et elle se partirent
de Flandres..., laissant les Païs-Bas et le Prince Charles leur
fils, pour quelque temps... (2) »

Philippe ne devait plus retourner en Espagne que pour y
mourir. Roi de Castille depuis la mort d'Isabelle-la-Catho-
lique (1504), il ne vint prendre possession de ses nouveaux
états qu'en l'année 1506. Son passage à Valladolid fut signalé
par une tenue du chapitre de l'Ordre de la Toison-d'Or et
un brillant tournois où figura un chevalier d'Ornans, le sieur
de Grospain (3). Le jeune prince mourut bientôt après à

---

(1) C'est probablement alors qu'elle composa pour elle l'épitaphe bien
connue :

    « Cy git Margot, la gente demoiselle,
    » Qu'eust deux marys et sy mourust pucelle. »

(2) V. Gollut, loc. cit., p. 947.

(3) Il faisait partie de la troisième troupe qui « estoit des saiges, con-
duicte par le sieur de Sampelle, grand escuyer du Roy, acconstrée de toille
d'or, en satin blanc, ouvré de broderie, et empannachés des mesmes couleurs... » (ID., ibid., p. 966.)

Burgos à l'âge de vingt-huit ans (25 septembre 1506), laissant pour successeur un enfant de six ans. Son corps, enseveli d'abord à Torquemada, puis à Tordesillas, fut transporté, en 1526, dans la cathédrale de Grenade par l'ordre de Charles-Quint.

Après la mort de Philippe-le-Beau, l'empereur Maximilien, qui avait grande confiance dans les lumières de sa fille Marguerite, lui confia la régence des Pays-Bas et du Comté de Bourgogne. Il voulut même qu'elle prit le titre de *Comtesse viagère de Bourgogne* ou *Comtesse de Bourgogne à vie*, qu'elle a conservé jusqu'à sa mort. Sous l'administration de cette princesse, la Franche-Comté jouit, pour ainsi dire, de ce que les Anglais ont appelé depuis le *self-gouvernement*. Le pouvoir se partageait entre le gouverneur, qui était investi des principales prérogatives de la puissance souveraine, le parlement de Dole qui unit dès lors, à l'administration de la justice, le règlement des affaires générales de la province, et les Etats qui votaient les subsides sous le nom de *don gratuit*.

Marguerite fut d'abord aidée dans sa tâche par un habile conseiller, Mercurin de Gattinara ou d'Arbois, président du parlement de Dole. Lorsque Gattinara quitta la magistrature pour entrer dans les ordres (il fut depuis cardinal), il présenta à la princesse un jeune conseiller de ce parlement, Nicolas Perrenot, auquel Guillaume de Vergy, gouverneur de la province, rendait, d'ailleurs, le meilleur témoignage. Marguerite en fit son secrétaire ; ce fut le premier pas de ce grand homme dans la voie des honneurs et de la fortune.

Naguère encore, sur la foi de Strada (1), tous les historiens donnaient pour père à Nicolas Perrenot un maréchal-ferrant. Il y a une trentaine d'années, un de ses compatriotes s'appuyant sur des documents découverts aux archives de sa ville natale, démontra la fausseté de cette tradition trois fois

---

(1) *De Bello Belgico,* lib. I.

séculaire. M. Marlet a publié alors une brochure intitulée :
La vérité sur l'origine des Perrenot de Granvelle [1], « qui a
pour but de venger deux de nos plus grandes illustrations
franc-comtoises du bien mince reproche d'être de mince
extraction. Ce travail présente une généalogie plus complète
que celles qui avaient été données jusqu'ici... Les archives
de la ville d'Ornans, explorées pour la première fois à ce
point de vue spécial, ont permis à l'auteur de la brochure
de remonter le cours de la filiation du célèbre cardinal jusqu'à l'année 1418... Depuis cette publication, j'ai retrouvé
dans les archives de l'hospice Saint-Jacques de Besançon,
parmi les titres du Prieuré de Mouthier-Hautepierre, un
document qui, nous révélant une génération des Perrenot
tout à fait oubliée, nous fait connaître le berceau primitif de
cette famille, ainsi que la date précise de son établissement
à Ornans. Cette pièce est l'acte de réception dans la bourgeoisie d'Ornans de Nicolas Perrenot d'Ouhans... [2] »

Ce n'est pas le père de Nicolas Perrenot, mais son trisaïeul
Antoine qui a été « fèvre » ou maréchal. M. Marlet [3] a

---

(1) Dijon, 1859. — M. Marlet a complété depuis ce travail par une *Note
sur la généalogie des Perrenot de Granvelle,* qui a paru, en 1865, dans
les *Mémoires de la Société d'Emulation du Doubs.*

(2) A. CASTAN, dans la *Corresp. littér.,* 6e ann., n° 12, 25 octobre 1862.
— L'acte de réception de Nicolas Perrenot est ainsi conçu : « Je, Garnier
» de Flaigey, demourant à Bolandol, en ce temps Prévost d'Ornans, fait
» savoir à tous que je ay prins, retenuz et recehuz pour bourgeois d'Or-
» nans, selon les us et costumes anciennes du dict lieu, et en la bonne
» salvegarde de Monseignour le duc et comte de Bourgoingne, Perrenot
» dict Nicholas d'Ouhans... Pourquoy je mand et command à tous les sub-
» jectz de mon dict seignour, à cui il n'appartient, priant et requérant à
» tous aultres, que au dict Perrenot, bourgeois comme dessus, soyent
» aidant et confortant en tout lieu, en toutes places que besoing li sera,
» et li prestoient conseil, confort et ayde, se mestier luy faict, et ils en sont
» requistz. En tesmoingnage de laquelle chose, je ay prinz, requistz et
» faict mettre en ces présentes lettres le scel de mon dict seignour, duquel
» on use en la cort d'Ornans. Donné présent Euvrard Cuenot d'Ornans,
» Perrin le Mellet de Chantrans et plusieurs aultres le premier de mars
» l'an mil CCC IIIIxx et dix. Signé G. de Chassaigne. »

(3) V. *Note sur la généalogie des Perrenot de Granvelle,* p. 5.

établi ce fait, en 1865, d'après les comptes rendus par les clercs trésoriers du bailliage de Dôle, au receveur général du duc et comte de Bourgogne pour les années 1426 et suivantes jusqu'à 1448. Antoine a eu pour fils Jehan, premier du nom, qui figure avec lui, en 1431, comme témoin d'un accensement. D'après D. Lévêque et les Officiers municipaux d'Ornans, ce Jehan aurait épousé Guillauma de Grospain, fille d'Estevenin Grospain, écuyer. Il en aurait eu un fils, Jehan deuxième, qui épousa Jeanne Bidal, d'une famille réputée noble, qui, après la mort de ce premier mari, convola en secondes noces avec Guillaume Brenot, sieur de Provenchères. Jehan fut le père d'Henriette Perrenot, femme de Pierre Darc, du château d'Ornans, et de Pierre Perrenot, père de Nicolas. Il eut pour frère Guillaume Perrenot, clerc coadjuteur au tabellionné d'Ornans, qui, en 1467, était receveur de la confrérie du Saint-Esprit, et dont le fils, Guillaume « le juesne », notaire de la cour de Besançon, fut marié à Guillemette Parandier [1].

Pierre Perrenot, connu comme notaire de la cour de Besançon et tabellion général à Ornans dès 1487, succéda à Othenin de Grospain comme châtelain d'Ornans, en 1523, et obtint, en 1532, par le crédit de son fils, la charge de lieutenant en la saulnerie de Salins [2]. Il avait épousé Etiennette Philibert, fille de noble Pierre Philibert et de Jeanne de Champagney, dont il eut quatre enfants, Nicolas, Adrien, Claude et Loyse, femme de Charles Vigoureux, d'Arbois. Pierre Perrenot fut annobli par lettres-patentes de Charles-Quint, en date du 20 août 1524. Mais les Perrenot

---

(1) V. MARLET, loc. cit., passim, et Mém. hist. sur la ville d'Ornans.
(2) Ces titres sont énumérés dans l'inscription que porte son tombeau :
« Cy gissent Messire Pierre Perrenot, Chevalier, Seigneur de Cromary,
» Chatelain d'Ornans et Lieutenant des sauneries de Salins, qui décéda le
» 22 mars 1537, et Madame Etiennette Philibert d'Ornans, sa compagne,
» qui trespassa le 17 mars 1540. Priez pour leurs âmes. » Ce tombeau occupait naguère le milieu du chœur de l'église d'Ornans et servait d'assise à son remarquable lutrin.

n'avaient pas attendu ces lettres pour se dire nobles. Dès 1477, Jehan Perrenot second, capitaine au service de Sa Majesté Espagnole, refusait, comme noble, de contribuer au jet de la Saint-Michel, et contraignait les habitants d'Ornans à solliciter du parlement un mandement de nouvelleté contre lui [1].

Nicolas Perrenot est né en 1486 « avec de grands talents et tous les avantages de la nature [2]. » Après avoir fait ses études à l'université de Dole et pris ses degrés, il revint à Ornans exercer la profession d'avocat. « Les registres du greffe justifient qu'à son âge il était chargé de toutes les affaires importantes [3]. » Il fut appelé, peu de temps après, aux fonctions d'avocat du roi au bailliage. C'est pendant qu'il les remplissait, en 1512, qu'il épousa la fille d'un citoyen de Besançon, Nicole Bonvalot, femme d'un rare mérite. Nommé conseiller au Parlement de Dole, en 1518, il fut fait, l'année suivante, maître des requêtes de l'hôtel de l'Empereur. Mais n'anticipons pas.

C'est à la comtesse Marguerite que la Franche-Comté est redevable du premier traité de neutralité entre les deux Bourgogne (1522). « En ceste mesme année fut introduicte la neutralité de laquelle nous usons et m'hat semblé que le mot et occasion de la neutralité qui est pour les Bourgougnes..., ne se trouve point avoir esté practiqué avant cest an de 1522 pour les dicts païs et la sureté d'iceulx... Et c'estoit au temps que les Princes des dictes Bourgougnes estoient François premier, Roy de France,... et Dame Marguerite d'Autriche, au nom et comme doarière et jouissante du Comté de Bourgougne. Parmi les commissaires chargés d'arrêter les conditions du traicté et qui s'assemblèrent à cest effet à Saint-Jean-de-Losne, se trouvait Nicolas Perrenot

---

(1) V. *Arch. d'Ornans, anc. invent.*, n° 36.
(2) *Mémoire historique sur la ville d'Ornans.*
(3) *Ibid.*

de Granvelle pour lors conseiller au Parlement de Dôle... (1) »
Ce premier traité, fait pour trois ans, fut renouvelé avant
l'expiration de son terme et continua à l'être, de terme en
terme jusqu'à la fin du siècle.

Parmi les conditions imposées de part et d'autre ne figurait
pas l'obligation de ne point servir dans les armées françaises
et impériales. Tout au contraire, à teneur d'un des articles
du traité, « les Comtois pourroient servir l'Empereur comme
au pareil les Duchois pourroient aller à la guerre avec le Roy
sans encourir en aucune deschute de fief respectivement
moïennant que ce ne fut pour guerroïer dedans les païs
comprinz en la neutralité (2). » Aussi voyons-nous les che-
valiers franc-comtois se distinguer dans toutes les batailles
qui suivirent, sur la Lys et sur la Sesia en 1523 et à Pavie,
en 1524. Parmi les vainqueurs de Pavie, deux gentilshommes
d'Ornans, Jean d'Andelot et Etienne de Grospain furent particulièrement distingués. Le premier contribua même très
activement à la prise de François Ier et eut l'honneur d'être
blessé par lui à la joue. « Quant au Roy François, il com-
battait autant vaillamment que ce Prince pourroit, tuat de sa
main propre Fernande Castriote, Marquis de Saint-Ange,
arrière-petit-fils de Georges Castriote, dict Scanderberg,
blessat en la joue, d'un grand coup d'espée, le Sieur Jean
d'Andelot, gentilhomme Bourgougnon, avec lequel il fut
longtemps aux prinses, ainsi que le Roy le fit représenter,
ou une sienne tapisserie, que l'on hat vuë au Louvre à Paris
et en ceste posture que l'on void coucher un grand coup
d'espée, sur la face descouverte parce que la visière estoit

---

(1) GOLLUT, *loc. cit.*, p. 1024. « Les autres estoient pour la France,
Georges de la Trémouille, sieur de Jonvelle, lieutenant du Duché, Gérard
de Vienne, sieur de Ruffey, baron d'Antigny, Fournier, sieur de Grinats,
premier président de Dijon, et pour le Comté, Hugues Marmier, chevalier,
sieur de Gâtey, président du parlement de Dole, Simon de Quingey, premier chevalier en cette cour, Antoine de Salins et Guillaume de Boisset. »

(2) ID., *ibid.*

levée par d'autres coups) d'un gentilhomme portant sur une
cotte d'armes, de velours verd, les armes d'Andelot, qui
sont d'un eschiquier d'argent et d'azur, chargé d'un lyon de
gueulle, armé, lampassé et coroné d'or et touchant tous les
carreaux de l'eschiquier : toutefois l'eschiquier fut corrigé,
en l'an mil cinq cens trente neuf par commandement du
Roy, lorsque l'Empereur passant à Paris, haïant à sa suitte
le dict Sieur d'Andelot, premier escuyer de son escuyerie,
le Roy voulut que le dict Sieur d'Andelot veit si le blason
de l'armoirie conformoit aux siennes : ce qui fut trouvé, sauf
à la couleur de l'un des carreaux (1). »

Etienne de Grospain, capitaine de chevaux-légers, avait
aidé à désarmer le roi de France. Ce fut lui que l'on chargea
de porter la nouvelle de la victoire à la comtesse Marguerite,
alors à Malines. « Chiers et bien aymez, écrivait la princesse,
» le 13 mars 1524, aux président et conseillers du Conseil
» de Flandres, ayant entendu qu'aulcuns ont mis doubte en
» la bataille d'Italie, en la prinse du Roy de France et en la
» deffaite des siens, dont vous escript, pour autant que nen
» eussions lettre de Monsieur le duc de Bourbon, ne le Vice-
» Roy ; nous vous advisons que cette nuit est arrivé l'écuyer
» Grospain avec lettres desdicts sieurs en conformité des-
» quelles il nous certiffie avoir esté en ladicte bataille et la
» prinse du Roy de France par la main du Vice-Roy, et que
» luy mesme a aydé à désarmer le Roy en ladicte prinse...(2) »

Le dernier bienfait de l'archiduchesse Marguerite fut sa
coopération au traité de Cambray, qu'on a appelé la *Paix
des Dames*, parce que les négociations, qui aboutirent à ce
traité, eurent lieu sous sa direction pour l'Empire et sous
celle de la reine-mère Louise de Savoie pour la France. Ce
traité mit fin, pour un temps, à la terrible rivalité de François Ier et de Charles-Quint (1529). Nicolas Perrenot, qui

---

(1) Id., *ibid.*, p. 1033.
(2) *Manusc. Granvelle*, t. I, fol. 81 v°, à la Bibl. de Besançon.

avait déjà coopéré au traité de neutralité de 1522, eut une grande part à la conclusion de ce dernier traité.

Lorsque Marguerite mourut, en 1530, Perrenot, qui avait su se faire distinguer par l'Empereur, était son garde des sceaux. Il avait succédé, comme tel, au cardinal Gattinara ; mais, contrairement à ce qu'ont écrit tous les historiens franc-comtois, il n'hérita pas de son titre de chancelier qui fut supprimé. Son élévation avait suivi, d'ailleurs, une marche rapide. Premier conseiller de Charles-Quint en 1519, nous avons su qu'il obtenait bientôt de lui le titre de maître des requêtes de son hôtel. Ce fut alors qu'il acquit la terre de Granvelle, dont il prit le nom que son fils Antoine et lui ont illustré. En 1522, il entrait au conseil privé. Dès ce moment, il ne quitta plus la cour de l'Empereur, suivit ce prince dans toutes ses guerres et prit part aux négociations de tous ses traités. Ambassadeur en France, pendant la captivité de François Ier, il souffrit pour son maître les rigueurs de la prison. Aussi presque chaque année était-elle marquée pour lui par un nouveau bienfait de Charles. C'est ainsi qu'il reçut successivement de lui le greffe du bailliage de Vesoul, l'office de *Pardessus* de salines de Salins, la commanderie de Calamea de l'Ordre d'Alcantara, la dignité de chevalier de l'Ordre de l'*Eperon d'Or,* le maréchalat d'Empire de Besançon. On a souvent écrit que Nicolas Perrenot était aussi ardent solliciteur qu'habile ministre, et certains passages des instructions écrites données par Charles-Quint à son fils, en 1540, tendraient à faire croire que le bienfaiteur était parfois excédé. Mais le grand empereur n'était pas large et semblait souvent regretter les grâces que son intérêt bien entendu lui conseillait d'accorder. Il avait pour son garde des sceaux la plus grande estime et le plaçait, de son vivant, au rang des grands hommes; il lui accordait des qualités éminentes et des talents très rares. « Je suis » assuré, écrivait-il à Philippe son fils, que personne n'en- » tend mieux les affaires de mes Etats que Granvelle. »

CHAPITRE DEUXIÈME

Charles-Quint (1530-1556). — Lettres de sauvegarde accordées à Ornans (1531). — Le cardinal de Granvelle (1540). — Reconstruction de l'église Saint-Laurent. — Concession d'extraordinaire de sel à cette occasion (1543). — Extension de la compétence du siège d'Ornans (1545). — Mort de Nicolas Perrenot de Granvelle (1550). — Ses enfants. — Les bourgeois d'Ornans et le Procureur général (1555). — Abdication de Charles-Quint (1556). — Sa mort (1558).

Après la mort de l'archiduchesse Marguerite, Charles-Quint reprit le gouvernement du Comté de Bourgogne, mais ne changea rien au régime libéral que cette sage princesse y avait établi. La province continua à être gouvernée par le gouverneur, le parlement et les Etats; le don gratuit fut employé, comme précédemment, à assurer ses services publics; et la plus grande partie des contributions levées dans les villes du domaine fut affectée au relèvement ou à la réparation de leurs murailles. Il faut dire que ce pays était digne alors, à tous égards, des faveurs et de la confiance de son souverain. Jamais la Franche-Comté, bien qu'habituée déjà à produire des grands hommes, n'a fourni un aussi remarquable contingent d'illustrations, dans l'ordre des sciences, des lettres et des arts, comme dans ceux de la science théologique, de l'art militaire et des connaissances juridiques.

Cependant, le jeune prince, qui venait d'être couronné, était, de toutes parts, entouré d'ennemis : l'Allemagne protestante, liguée avec la France et l'Angleterre, menaçait ses états héréditaires, tandis que les Turcs s'approchaient de Vienne avec des forces considérables. Tout pouvait faire craindre à la Franche-Comté une prochaine invasion des bandes allemandes, qui avaient passé le Rhin pour détruire les abbayes et les châteaux de l'Alsace, et auxquelles les gueux de l'Ajoie menaçaient de s'unir. Dans ces terribles

conjonctures, la ville d'Ornans crut devoir faire renouveler
les lettres de sauvegarde que les prédécesseurs de Charles
lui avaient délivrées.

La requête des habitants d'Ornans exposait « comme de
» toute ancienneté », ils ont été « les bons, vrays, fidèles,
» loyaulx et obéissans subjectz immédiatz » du souverain
et se sont « tant en général qu'en particulier adez léalement
» en plus de leurs possibilitez et de personnes et de biens »
au service des prédécesseurs de Charles-Quint. Elle ajoutait
qu'ils ont « soustenu, par les guerres passées, très graves
» et insupportables dommaiges, foulles et oppressions » et
que, par le fait même qu'ils sont « entièrement subjectz et
» non despendans d'aultres seigneurs subalternes, tousjours
» et le plus souvent, quand se sont faictes assemblées de
» gens de guerre, soit en petit ou grand nombre, les dicts
» gens de guerre ont logé et vescu au dict Ornans sans
» païer et ont faict plusieurs violences et dommaiges. » Cette
requête fut présentée à Charles-Quint par le garde des
sceaux Perrenot. L'Empereur « en contemplation de son
» très cher et féal conseiller d'Etat et premier maistre aux
» requestes Messire Nicolas Perrenot, seigneur de Gran-
» velle, natif du dict Ornans », en prit les habitants « leurs
» femmes, enfants, familles, serviteurs, procureurs, facteurs
» et entremetteurs, meix, maisons, granges, vignes... »
sous sa « protection, seurté et saulvegarde espéciale. » Par
ses lettres, données à Gand le premier juin 1531, il mande
et enjoint très expressément aux « gouverneur, mareschal,
» président de court souveraine de parlement, baillys d'A-
» mont, d'Aval et de Dôle..., chiefz, capitainnes, conducteurs
» de routes, bandes et compaignies de gens d'armes et de
» guerre, à cheval et à pied, et aultres ses justiciers et of-
» ficiers, serviteurs et subjetz quelxconques... », de ne loger,
ni souffrir être logé aucunes gens de guerre à Ornans (1).

_____

(1) _Arch. d'Ornans, anc. inv._, n° 2. — La pièce est une copie colla-

Les intérêts des habitants d'Ornans ne tardèrent pas à être servis, à la cour de l'Empereur par un autre Granvelle, qui devait être bientôt l'égal de son père, lorsqu'il ne lui arrivait pas de le surpasser [1]. Nicolas Perrenot avait donné une attention toute particulière à l'éducation de son deuxième fils, auquel les plus heureuses dispositions naturelles présageaient un grand avenir. Il lui fit commencer ses études à l'université de Padoue qui était alors une des plus célèbres de l'Europe. Antoine y prit le goût des belles-lettres et des arts qu'il conserva toute sa vie et qui en firent plus tard le charme et la consolation. Il y étudia, avec le grec et le latin, l'allemand, le flamand, l'espagnol et l'italien qui devaient lui servir dans ses relations avec les divers pays de là couronne d'Autriche. Enfin, il s'y fit d'illustres amitiés, celle de Bembo et de Sadolet en particulier.

Antoine Perrenot de Granvelle n'avait que quatorze ans, quand Clément VII le nomma protonotaire apostolique. C'était à cette époque le premier pas vers la prélature. Il continua ses études avec une assiduité telle que sa santé en fut un moment altérée. C'est alors que son père le rappela dans les Pays-Bas et qu'il alla étudier la théologie à l'université de Louvain. Dès qu'il eut pris ses grades, le garde des sceaux l'appela auprès de lui et commença à l'initier aux affaires d'Etat. Sa figure fine et distinguée et son heureuse physionomie, la facilité de son abord et un certain enjouement [2], la vivacité et les grâces de son esprit [3], son éloquence naturelle et sa parole captivante [4], son ardeur au

---

tionnée sur l'original, le 16 août 1566, « en suite d'appointement rendu le » mesme jour par messire François de Vergy, comte de Champlitte, gou- » verneur de Bourgogne. »

(1) « *Multis æquavit patrem multis superavit.* » (STRADA, *de Bello Belgico,* lib. I.)

(2) « *... mira in ore hilaritas, in congressu facilitas...* » (AUBERT LE- MIRE, in *Bibl. eccles ,* part. 2.)

(3) « *... ingenium acre vividum...* » (ID., *ibid.*)

(4) « *Facundiâ nemini concessit... audire eum capi erat...* » (STRADA, *loc. cit.,* lib. I.)

travail et son application à l'étude, la franchise et la vigueur
de son caractère firent immédiatement sur l'Empereur la
plus favorable impression. « Je sais, écrivait Charles-Quint
» dans ses instructions au futur Philippe II, que Granvelle
» n'a rien oublié pour former son fils, et je compte que les
» soins qu'il a pris de ce jeune homme répondront à son
» attente. »

Le prince d'Orange, le comte d'Egmont et les autres grands
seigneurs flamands méconnurent d'abord sa valeur : ils mé-
prisaient en lui l'homme nouveau. Mais bientôt ils recon-
nurent en lui un égal et, lorsqu'il fut revêtu de la pourpre
romaine, ils redoutèrent en lui l'homme de confiance du roi
et de la gouvernante (1). Charles-Quint ne tarda pas à lui
témoigner son estime en lui donnant l'abbaye Saint-Vincent
de Besançon et en le nommant à l'évêché d'Arras. Lorsqu'il
fut appelé à partager les travaux de son père, l'Europe était
dans un état de trouble et de confusion qu'on a pu justement
comparer à celui qui suivit l'invasion des barbares du Nord.
Sa voix n'allait pas tarder à se faire entendre dans les diètes
de Worms et de Ratisbonne (1541), au concile de Trente
(1542), à la diète de Nuremberg (1543), à celle de Spire
(1544), à celle d'Augsbourg (1548), dans toutes les assemblées
convoquées dans le but de rendre la paix à l'Eglise et à l'Etat.

A cette époque, l'église paroissiale d'Ornans, construite
au XIIᵉ siècle et plusieurs fois brûlée et dévastée dans les
siècles suivants, tombait en ruine. Les habitants étaient
hors d'état d'y « pourvoir ny remedier, obstant les grandes
» charges... supportées par les guerres passées et norriture
» des gens d'armerie et à causes des grandes charges tant
» ordinaires que extraordinaires qu'il leur convient sup-

---

(1) « ... a principio non magnopere ejus potentiam metuebant Oran-
gius Egmontius ac præcipuus quisque Belgarum ; contumebant homi-
nis novitatem : postea æmulum agnoverunt ; deinde cum purpura in-
dutum et Regi et Gubernatrici acceptum veriti sunt. » (STRADA, loc.
cit., lib. I.

» porter, mesmement pour l'entretenement des fours, mo-
» lins et escloses du dict Ornans... et oultre ce de deux
» grands pontz à chariotz estans au dict Ornans sur la rivière
» de Louhe et aultres sur ruisseaulx, le tout à leurs fraiz,
» combien que la commodité soit commune à tous, et n'ayant
» pour ce ayde de péaiges, pontenaiges ny aultre assis-
» tence... » Dans cette extrémité fâcheuse, les Ornaciens se
réclamant de leur qualité de sujets directs et de leur fidélité,
demandèrent à Charles-Quint qu'il voulut bien leur « faire
» délibvrer par aulcunes années quelque quantité de sel du
» moins jusqu'à vingt charges par sepmaine, ou aultre telle
» quantité ou subvention » qu'il lui plairait « pour icelle
» distribuer et en tirer quelque prouffit. » L'Empereur, qui
n'était pas large de sa nature et qui avait aussi ses
charges, leur accorda, cependant, « la quantité de dix charges
» de sel moiteval marqué » à prendre en la saunerie de
Salins « chascune semaine durant le temps et le terme de
» dix ans... pour icelluy sel mener vendre et distribuer »
hors de la province [1]. Nous verrons plus loin quel usage
les habitants d'Ornans firent du produit de cette libéralité.

Ornans avait, depuis le commencement du xive siècle,
un siège de bailliage pour lequel il y avait un lieutenant
« ayant cognoissance des causes y pendent de quelque estat
» ou qualité qu'elles soient... » Mais les affaires contre le
procureur fiscal ne pouvaient être jugées qu'aux assises du
Bailli ou de son lieutenant-général, lorsqu'elles n'étaient pas
renvoyées au siège de Dôle, comme l'étaient aussi « celles
» en matière possessoire procédant de mandat de nouvelleté,
» le tout à la très grande foule et coustance des ressortis-
» sanz... » Sur « l'humble supplication et requeste des
» manans et habitans au ressort d'Ornans... » et considérant

---

(1) *Arch. d'Ornans, anc. inv.*, nº 131. — « Octroi et concession faite
aux habitants d'Ornans par feu l'empereur Charles de la quantité de dix
charges de sel chaque semaine pendant dix ans. En date du 12 avril 1543. »

que cet état de choses était « à la diminution » de son domaine, qu'Ornans lui était sujet en toute justice et qu'il y
avait dans la localité un substitut de son procureur fiscal et
des gens lettrés et praticiens « pour cognoistre des dictes
» matières... », Charles-Quint ordonna, en 1545, que les
ressortissants d'Ornans pourraient dorénavant « intenter et
» poursuivre par devant le lieutenant local... toutes causes
» et procès en matière possessoire et de nouvelleté, aussy
» toutes causes tant civiles que criminelles non excédant
» dix livres. » Quant « aux causes criminelles des délictz
» qui se commettroient rière ledit ressort, quant elles
» seroient de petite importance et que la peine seroit per-
» sonnelle seulement non excédant dix livres », il voulait
« que la poursuyte et congnoissance s'en puisse faire ordi-
» nairement au dict ressort d'Ornans (1). »

Nicolas Perrenot prit encore part avec ses trois fils, Thomas, Antoine et Jérome à la campagne contre la Ligue de
Smalkalde et assista avec eux à la bataille de Müllberg (1547).
Il suivit l'Empereur dans les Flandres, en 1548 ; mais à son
retour, il dut séjourner quelque temps en Franche-Comté,
pour essayer de rétablir sa santé ébranlée par des travaux
excessifs et des préoccupations de toute sorte. C'est dans
cette retraite qu'il apprit la convocation d'une nouvelle diète
d'Augsbourg. Il voulut s'y rendre, malgré sa mauvaise santé,
dans l'espoir de pouvoir se rendre encore utile. Mais il n'ar-
riva à Augsbourg que pour y mourir, le 24 août 1550, à l'âge
de soixante-quatorze ans. Charles-Quint, à la nouvelle de
sa mort, écrivit à son fils : « Mon fils, nous avons perdu,
» vous et moi, un bon lit de repos. » L'Empereur fit, à son
fidèle ministre, un honneur qu'il ne devait qu'aux têtes cou-
ronnées : il en porta le deuil.

L'union de Nicolas Perrenot avec Nicole Bonvalot avait été
féconde : il en avait eu onze enfants, dont six filles et cinq

(1) *Arch. d'Ornans.*

garçons. Ces enfants étaient, d'après Dom Levêque : 1° Marguerite, femme de Léonard de Grammont, puis de Jean d'Achey, baron de Thoraise ; 2° Etienne, femme de Guyon Mouchet, seigneur de Château-Rouilland ; 3° Henriette, femme de Claude Leblanc, seigneur d'Ollans ; 4° Thomas, seigneur de Chantonnay, chambellan du roi de Bohême Maximilien, majordome du roi d'Espagne, capitaine de Besançon, ambassadeur en France, qui épousa, en 1548, Polyxène de Bréderode (1) ; 5° Antoine, cardinal de Granvelle ; 6° Frédéric, seigneur de Champagney, gentilhomme de la Chambre du roi d'Espagne, qui épousa Constance de Berkem ; 7° Charles, abbé de Savernay ; 8° Jérome, seigneur de Champagney ; 9° Marguerite, femme d'Antoine de Laubespin, puis de Ferdinand de Lannoy, baron de l'Aigle (2) ; 10° Anne, femme de Marc de Beaujeu, chevalier, seigneur de Montot ; 11° Laurence, femme de Claude de Chaluns, baron de Verjon, puis de Pierre de Montluel, baron de Châteaufort.

Le cardinal de Granvelle, qui avait, depuis longtemps, toute la confiance de Charles-Quint, succéda à son père comme garde des sceaux. La nomination d'un prince de l'Eglise à ce poste ne tarda pas à devenir, pour les princes protestants de l'Allemagne, le prétexte d'une nouvelle levée de boucliers. Les électeurs de Brandebourg et de Saxe, en particulier, prétendaient que les affaires de l'Empire étaient entre les mains d'un étranger, comme si la Franche-Comté n'eût point alors fait partie du Cercle de Bourgogne, et tous les ligueurs de Smalkalde tenaient le même langage. Au moins de mars 1552, tandis que Charles était avec sa cour à Innsbrück, attentif à ce qui se passait alors en Italie, l'armée protestante quitta la Thuringe, où elle s'était concentrée, pour envahir la Franconie et la Souabe et se porter sur le

----

(1) Philippe II, alors infant, honora de sa présence leur mariage qui eut lieu à Anvers, en 1548.

(2) Une des deux Marguerite Perrenot épousa Etienne de Grospain ; mais il est assez difficile de savoir laquelle.

Tyrol. Après avoir surpris l'Empereur, qu'elle laissa, néan-
moins, échapper, cette cohue d'ambitieux et de brouillons
conclut avec lui une honteuse paix qui indigna, contre ses
chefs, tout le nord luthérien de l'Allemagne. Le traité de
Passau fait le plus grand honneur au Cardinal, qui sut tirer
les plus grands avantages d'une prise d'armes qui avait failli
se terminer par la captivité de Charles-Quint et la perte de
sa couronne. Non seulement ce prince ne perdit rien de la
situation que ses succès antérieurs lui avaient faite, mais il
obtint le concours de ses ennemis de la veille contre le roi
Henri II, auquel il méditait de reprendre Metz et les Trois-
Evêchés.

Mais ce fut là le dernier de ses triomphes : depuis lors
son règne ne fut plus guère qu'une succession de revers,
dont le dernier, la *trève de Vaucelles*, laissa Henri II en
possession de toutes ses conquêtes. Le Cardinal avait pres-
crit aux plénipotentiaires impériaux, qui étaient le comte de
Lallain et Simon Renard, de traîner les négociations en lon-
gueur et d'essayer d'obtenir quelque atténuation à la rigueur
des propositions du roi de France. Mais celui-ci avait d'ex-
cellentes raisons pour être inflexible ; Lallain et Renard
perdirent bientôt tout espoir de le fléchir et signèrent pour
cinq ans sous la condition du *statu quo ante*. On les a accusés de trahison, et Renard en particulier était des plus sus-
pects. Granvelle ne leur pardonna point l'humiliation qu'ils
avaient procurée à leur maître ; ils n'eurent plus dès lors
aucune part au gouvernement. Nous verrons, dans la suite,
comment ils ont réussi à se venger de lui. C'est alors que
Charles-Quint résolut de renoncer au pouvoir.

Un de ses derniers actes politiques fut son intervention
entre les habitants d'Ornans et le procureur général du parlement de Dole, en 1555. Le 4 juin de cette année, cette ville
avait été mise en émoi par la brusque apparition d'une bande
d'hommes masqués « et saisis de plusieurs bastons invasifz
tant à feug que aultres », qui voulaient s'emparer de la per-

sonne d'un habitant de Loray, nommé Denys Bernard, admis au bénéfice de l'asile depuis quelques semaines. Ces hommes étaient les fils d'un de ses compatriotes, Henry Monnier, dit Noble, qu'il avait frappé, dans le courant du mois de janvier précédent, d'un coup de couteau sur « l'espaule gauche, non à intention de le tuer, ains seullement pour luy faire à laisser sa femme » qu'il maltraitait. Monnier « tant à faulte d'estre bien pansé qu'aultrement » avait « terminé vie par mort huict jours après [1]. » Après avoir quitté momentanément le pays pour aller errer, triste et misérable à l'étranger, son meurtrier involontaire, vaincu par ses souvenirs, était venu implorer l'asile d'Ornans. Les habitants de la petite ville, très jaloux d'un droit qu'ils considéraient, à juste titre, comme une de leurs plus belles prérogatives, avaient repoussé les ennemis de Denys Bernard et, après l'avoir mis en lieu sûr, avaient fait défense, à qui que ce soit, de toucher à un cheveu de sa tête.

Cependant, sur la requête des parents d'Henry Monnier, le parlement ne tarda pas à sommer la ville d'avoir à lui livrer son protégé et de le conduire à Dole à ses propres frais. Les habitants d'Ornans se soumirent, mais en appelèrent aussitôt à leur seigneur Charles-Quint. Dans leur requête, ils rappellent que « de toute ancienneté et par temps » immémorial, leur a compété et appartenu le droict et auctorité de recepvoir en liberté et franchise tous habitans du » comté de Bourgougne ayant par hazard et non malicieuse» ment commis cas d'homicide. Ils demandent, en consé» quence, que Denys Bernard régulièrement receu à l'asile » d'Ornans y soit restabli et restitué, pour y vivre en seureté » jusqu'à ce que de Sa Majesté il ait obtenu grâce, pardon

---

(1) *Arch. d'Ornans*, anc. inv., n° 370. « *Certains vieux papiers et mémoires concernant l'asile de cette ville pour le fait du procès qui a été pendant à la cour touchant l'emprisonnement de Denys Bernard de Loray.* »

» et abolition du faict par luy déclairé [1]. » Par lettres, en
date de Bruxelles le 13 octobre 1555, l'Empereur ordonna à
la Cour de parlement de faire observer les anciennes libertés
et franchises de la ville d'Ornans « selon qu'elle en est en
dehue possession » et de pourvoir à ce que requéraient les
suppliants « comme elle verra de droict et de raison con-
venir. » « Le gracieux accueil fait à leur supplique devait
mettre fin, ce semble, aux tribulations des bourgeois d'Ornans ; mais on ne se tire pas d'une mauvaise affaire aussi
facilement qu'on y tombe, et en dépit de la parole impériale,
la Cour de parlement retint à la *consiergerie* Denys Bernard
et plusieurs de ses généreux protecteurs accusés d'avoir
déployé un zèle excessif dans la défense de leurs privilèges [2]. » Il fallut que, dans deux mémoires [3] qui font le
plus grand honneur à l'éloquence et à la fermeté de ceux
qui les ont rédigés [4], les habitants d'Ornans établissent la
légitimité de leurs réclamations, pour que le procureur général se décidât à abandonner l'accusation et à relâcher les
prisonniers.

Confiant dans l'activité de son fils et dans les lumières de
son premier ministre, Charles-Quint leur remit solennelle-
ment le pouvoir à Bruxelles le 24 novembre 1555. Au mois
d'août suivant, il s'embarquait à Zwittbourg en Zélande, avec
ses sœurs les reines douairières de France et de Hongrie,
et faisait voile vers l'Espagne. Il aborda à Laredo, sur les
côtes de la Biscaye. L'histoire rapporte qu'au moment où il
venait de débarquer, survint une tempête qui engloutit le
navire qui l'avait apporté avec une partie de la flotte qui
l'escortait. Le grand Empereur vécut environ deux ans au

---

(1) *Ibid.*, « *Requeste à l'empereur Charles-Quint.* »

(2) V. Abbé H. GROSJEAN, *Le droit d'asile à Ornans,* in **Ann. Fr.-
Comté,** 1867, t. VII, p. 406.

(3) *Arch. d'Ornans,* anc. inv., nᵒ 370. — *Premières et secondes écritures contre le procureur-général.*

(4) Elles sont signées P. du Champ, H. Boutechou et L. de Bergières.

monastère de Saint-Just, qu'il avait choisi comme retraite, sans aucun retour vers les choses de ce monde Il y mourut le 21 septembre 1558, à l'âge de cinquante-huit ans. Parmi les personnes peu nombreuses, auxquelles il avait permis de le suivre, était Jean d'Andelot qui devait lui servir d'écuyer ; mais il eut la douleur de perdre, avant son départ, ce fidèle serviteur des bons et des mauvais jours.

CHAPITRE TROISIÈME

La reconstruction de l'église paroissiale de Saint-Laurent,
à laquelle nous avons déjà fait allusion, a été commencée
en 1537, ainsi que l'indique une banderolle sculptée en creux
dans le linteau qui termine inférieurement le tympan de la
porte latérale. En 1548, les quatre premières travées étaient
achevées, et cette partie de l'édifice était *rendue*, le 26 novembre, aux prudhommes, « près de la croix estant au bout
du Pont-Dessoubz », par le nommé Claude Brâchotte, maitre ·
maçon du Valdahon, auquel on en avait confié la construction,
fort à la malheur ! En effet, Brâchotte s'était assez mal ac-
quitté de sa tâche, ainsi qu'il résulte du procès-verbal alors
rédigé. Deux experts « choisis et esleuz à la part des habitants d'Ornans », Jean Bordot et Jacques Goguillot, maitres-
maçons de Besançon, constatèrent dès lors les graves défauts
qu'elle présente : piliers trop grêles pour la masse qu'ils sup-
portent, arcs-doubleaux en disproportion avec les voûtes
qu'ils soutiennent, irrégularité des arcs qui séparent les trois
nefs du chœur et des chapelles, exécution grossière des
chapiteaux et des nervures. Pour assurer la solidité de la
grande nef, Brâchotte fut tenu de construire des arcs-boutants
massifs cachés par la toiture. En dépit de ces précautions,
la grande nef et la nef latérale gauche se sont considérable-
ment affaissées, au point que leurs ogives se rapprochent
du plein-cintre, et les piliers qui les séparent se sont inflé-
chis en dedans. La construction du chœur et des chapelles,

mieux surveillée et poursuivie sans doute avec des ressources plus considérables, dues en grande partie à la libéralité des Granvelle, a donné un plus joli résultat. La grande nef du chœur est réellement remarquable par la finesse et l'élégance de tous ses détails, et l'on admire généralement les curieux caissons des voûtes des chapelles. L'édifice entier a été achevé en 1553, comme l'indique le millésime gravé sur une des clefs de voûte du chevet, à l'exception de la chapelle de gauche qui n'a été terminée qu'au siècle dernier.

Dans son ensemble l'église Saint-Laurent appartient à l'art ogival. Le style des quatre premières travées est le style fleuri, celui du chœur et des chapelles est le style flamboyant. Par une dérogation à l'ordonnance générale, la chapelle de droite, dite de Granvelle, n'a plus d'ogival que les fenêtres ; sa voûte à plein cintre et ses nervures multiples appartiennent déjà à l'architecture de la renaissance. Il est probable que cette partie de l'édifice a été la dernière construite. L'ancien clocher roman conservé a subi, dans les années qui suivirent la reconstruction de l'église et au commencement du xviii° siècle, des modifications assez notables. Le livre des délibérations du Conseil de 1567 est rempli de débats concernant sa restauration. C'est de cette époque que datent l'escalier actuel, ainsi que la fenêtre renaissance du deuxième étage du côté du sud. Cette dernière remplaça une fenêtre géminée romane, semblable à celles qui existent encore sur les trois autres faces de la tour, et que la cage de l'escalier aurait à moitié masquée. Le troisième étage de ce clocher, le dôme carré et l'élégante lanterne octogonale, qui le terminent actuellement, sont de 1735 et portent le cachet de l'époque de leur construction [1].

(1) Cette date est donnée par deux inscriptions, l'une intérieure et l'autre extérieure. Cette dernière est ce qu'on appelle un chronographe. La première est ainsi conçue :

TURRIS . ISTA . AMPLIATA . ET ORNATA . FUIT . ANNO , DNI . 1735 , DNI .

Dans le but, sans doute, de les moderniser, on remplaça
alors à l'extérieur les colonnettes cylindriques qui divisent
en deux les fenêtres du second étage, par des colonnettes
fusiformes, et l'on modifia leurs chapiteaux. Les colonnettes
intérieures, masquées par des persiennes échappèrent à cet
acte de vandalisme classique.

En 1556, le clergé de Saint-Laurent se composait toujours
du chanoine Prébendier de Serre-et-Franois, curé primitif,
d'un vicaire *portionnaire*, administrateur délégué de la
paroisse, et du corps des chapelains et familiers. La désunion
dont ce clergé a donné le fâcheux exemple, pendant près de
trois siècles, avait déjà nécessité en 1520, sous l'épiscopat
de Claude de Vergy, l'intervention de l'ordinaire. Les statuts
de 1520, bien qu'on ait pu écrire plus tard, avaient lésé les
chapelains et les familiers au profit d'un curé qui ne résidait
pas habituellement et déléguait, en général, ses fonctions
paroissiales. Destinés, dans l'esprit de leur auteur à être
un instrument de paix, ils ne réussirent en réalité, parce
qu'ils ne furent pas suffisamment amendés dans la suite,
qu'à perpétuer les querelles auxquelles ils devaient mettre
fin.

Le nombre des chapelles intérieures était de dix-huit.
C'étaient les trois chapelles de l'autel de *Notre-Dame*, la
chapelle *Saint-Michel* qui était à la collation de la famille
de Grospain, celle de la *Sainte-Eucharistie*, celle de *Sainte-
Anne*, les deux chapelles de *Sainte-Catherine* dites, l'une
de *Chassagne* et l'autre de *Grospain*, les deux chapelles de
l'autel de *Saint-Jean-Baptiste*, les deux chapelles de la
Décollation de Saint-Jean-Baptiste, la chapelle de *Sainte-
Marie-Madeleine*, celle de *Saint-Claude*, celle de *Chaudirier*

JOAN . PR . DUPUY . PBR . JUR . UTR . LICENT   CURIS . AC . ZELO . ET .
TOTIUS . POPULI . PIETATE . ET . MUNIFICENTIA.

Et la troisième en ces termes :

TVRRIS . ISTA . RVRSVS . HINC . EXSTRVCTA . ANNO . DOMINI,

fondée, comme nous l'avons vu, en 1451 « en l'honneur de
» Dieu le Tout-Puissant, du Père, du Fils et du Benoist
» Saint-Esprit et de la Très Glorieuse Benoiste Vierge Marie
» Sa Mère », les deux chapelles dites de *Granvelle* à l'autel
de *Saint-Nicolas et Saint-Antoine*, enfin la chapelle fondée,
en 1553, par Pierre Maitry, en l'honneur de *l'Annonciation
Sainte-Marie* (1).

A ces chapelles intérieures, il fallait déjà joindre les chapelles de *Saint-Georges* et *Saint-Jacques* de l'église du
Château, qui avaient le souverain pour patron, la chapelle
de *Notre-Dame des Malades*, qui était à la nomination du
Magistrat d'Ornans, et la chapelle de *Saint-Christophe* dans
l'église de ce nom, dont la fondation est attribuée, comme
la construction de cette église, à la famille Perrenot. L'église
Saint-Christophe existait déjà en 1520, ainsi qu'il appert d'un
titre des archives (2). Les églises du Château, de Notre-
Dame des Malades et de Saint-Christophe appartenaient
toutes trois, comme la nef de Saint-Laurent, au gothique
fleuri, qui était encore le style dominant en Franche-Comté
au commencement du xvi⁰ siècle.

D'autres fondations plus fréquentes que celles des chapelles, parce qu'elles étaient moins coûteuses, étaient : celles
des aumônes aux *chasses des saints*, auxquelles les ordres
du Saint-Esprit, de Saint-Antoine et de Citeaux faisaient
parcourir la province, de *l'Ecuelle-Dieu* et de *l'Aperite*. On

---

(1) V. *Arch. d'Ornans. anc. inv.*, nᵒ 27. — « *Titre de la fondation
faite par Pierre Maitry d'Ornans d'une chapelle en l'église parochiale
du dit lieu en l'honneur de l'Annonciation de la Vierge Marie, ar-
rentée de quatorze francs par an à réachapt de deux cens francs qui
seront remployés non seulement par le consentement du collateur,
mais aussi des sieurs Curé et Habitants dudit Ornans. Et que, à faute
par le collateur présenter chapelain suffisant dans quatre mois après
le décès dudit chapelain, iceux sieurs Curé et Habitants puissent pourvoir d'un chapelain.* »

(2) *Arch. d'Ornans, anc, inv.*, nᵒ 286 — « ..... *une maison prouche
Sainct Christophle.* »

lit dans le testament de Pierre Darc, du Château d'Ornans, document que nous avons déjà cité, qu'il « donne et lègue » à chascune des trois chasses principales faisant cours » dans le dyocèse de Besançon, c'est assavoir de Benoist » Sainct-Esperit, de Monsieur Sainct Anthoine et de Mon- » sieur Sainct Bernard, quatre blancs pour une fois », afin qu'il soit « participant ès grâces, pardons, indulgences et » aultres bienfaictz d'icelles, lesquelx quatre blancs vueil et » ordonne estre payez aux messaigiers et procureurs d'icelles » chasses la première fois qu'elles viendront et descendront » à Ornans », après son trépas (1495). Quelques années plus tard, en 1523, Othenin Grospain ordonne, dans son testa- ment, que son *Escuelle-Dieu* soit faite selon son état « bien et convenablement ». Il fonda en même temps « ung anni- » versaire d'une messe de *requiem* qui se dira chascun an » en l'église parochiale de Monsieur Sainct Martin de Quin- » gey par les curé et familiers de lad. église, lesquelx aussy » après lad. messe finie devront aussy *l'Aperite* ensemble » les collectes et suffrages y appartenans... » Le 22 novem- bre 1562, Messire Léonard Picquard, prêtre, constitue au profit de l'église Saint-Laurent une « rente de six gros..., » racheptable pour dix francs, pour *l'Aperite* qui se doibt » dire sur la fosse de ses père et mère (1). » Nous citerons encore, pour n'y plus revenir, deux exemples, postérieurs en date, de ces pieuses coutumes. En 1599, Demoiselle Louise Alier fait donation entre vifs de tous ses biens à Bona- venture Baron et autres « à charge et condition qu'iceux » donataires seront tenuz, après le décès et trespas d'icelle » donatrice, payer ses debtes et faire ses fraiz funéraux en » Notre Mère Saincte Eglise bien et dehument selon son » estat avec son *Escuelle-Dieu* en tel cas accoutumé..., » comme aussy qu'ils payeront aux trois *chasses* principales » aïant cours en ce Comté de Bourgogne assavoir Sainct

(1) *Arch. d'Ornans, anc. inv.*, n° 91.

» Esperit, Sainct Anthoine et Sainct Bernard, à chascune
» d'icelles deux gros monnoye que seront delibvrez aux
» conducteurs desd. chasses à leurs premières arrivées aud.
» Ornans après le décès d'icelle donatrice, afin qu'elle soit
« participante aux indulgences, suffrages et prières qui se
» célèbreront et diront aux couvents et hospitaux d'i-
» celles... (1) » Le testament de Gabriel Daresche (1617) ordonne « que l'Escuelle-Dieu sera donnée chascun jour par
» ung an entier avec ung chauveau de vin » après son décès,
et lègue, à cet effet, « la somme de quarante francs pour
» une fois aux trois chasses principales ayant cours en ce
» pays et comté de Bourgogne et à chascune d'icelles à leur
» première entrée en ce lieu, la somme de douze gros (2). »

Avant d'être un ermitage, *Notre-Dame des Malades* a été
une maladrerie fondée à une époque incertaine. Jusqu'à 1519,
en effet, « l'histoire est muette sur cet établissement hos-
pitalier. Tout ce qu'on peut en dire, d'après les documents
qui nous restent, c'est que les lépreux trouvaient, dans le
culte de celle qu'on a appelée le *Salut des infirmes,* quelques consolations à leurs misères. La chapelle était désignée
dans le pays sous le nom de *Nostre-Dame dicte la Maladière.*
Sur l'autel était exposée une statue de la Mère de Dieu « de
pierre blanche relevée en bosse, tenant en main un sceptre
et son petit enfant, avec deux anges de même pierre blanche
aux deux coustels d'icelle portant en main chascun un chan-
delier. » Cette madone reposait sur « un pied de pierre à
jour (3). » Le premier titre qui fasse mention de Notre-Dame
des Malades est de 1519. « Jehan Darc est chargé de re-
cueillir six blancs par feug des manans et résidans ès villes
d'Ornans, Villafans, Montgesoye, Eschevannes, Lavans,
Voyres, Durnes, Guyans, la Charbonnière, Bonnevaulx,

(1) *Ibid.*
(2) *Arch. d'Ornans.*
(3) J.-M. Suchet, *Histoire de Notre-Dame des Malades à Ornans,*
p. 5 et 6.

Saules, Tarcenay, Scey, Masières et Chassaigne pour satis-
faire à la réparation de la chappelle de la maladrerie d'Ornans, parce que les habitans des lieux dessus dicts de toute
anciennelé avoient toujours esté subjects à contribuer aux
réparations et maintenement de lad. chappelle et de la maison des malades entaichés de lèpre mis en icelle... Et à
raison de ce que lad. chappelle estoit ruyneuse et caduque
par sa vieillesse, qu'elle tomboit par terre... lesd. d'Ornans...
avoient esté admonesté de réparer lad. chappelle... (1) » La
chapelle, alors réparée et qui existait encore à la révolution,
était de style ogival et couverte de laves. Comme celle du
Château, elle avait trois travées et une abside octogonale.
Elle était entourée d'un petit cimetière qui, après avoir reçu
les corps des lépreux, fut agrandi plus tard pour recevoir
ceux des pestiférés des années 1585 et 1586.

Les institutions publiques d'Ornans ont peu changé depuis
la fin de la période précédente. L'extension de la compétence
du *bailliage* a dû être suivie de l'augmentation de son per-
sonnel composé jusqu'alors d'un lieutenant local, d'un
avocat fiscal, d'un substitut du procureur général, d'un tabellion général, d'un greffier et de sergents ; mais nous
n'avons à cet égard aucun renseignement positif. La *châtellenie* est toujours unie à la garde du château et la *prévôté*
au gouvernement local. Enfin, le *magistrat* n'a changé ni
dans sa composition, ni dans son mode d'élection, ni dans
sa double compétence administrative et judiciaire. Mais,
depuis longtemps déjà, les prévôts, chefs d'office de la commune, sont invariablement choisis dans son sein. Aux
Garnier de Flagey, aux Reynaud de Dampierre, aux Bordey
de Vuillafans ont succédé les Philibert, les Gonzel, les Dare.

Nous terminerons par quelques détails sur une institution
qui tient une grande place dans l'histoire d'Ornans aux
XVI° et XXII° siècles, celle du *droit d'asile*. Ornans était

---

(1) *Arch. d'Ornans. — Traictie pour la maladrerie.*

« entre toutes les villes de ce pays et comté de Bourgogne...
un azile, ville de franchise et lieu de refuge où pour évader
la rigueur de justice et le ressentiment d'un proche parent vengeur du sang de celui qui a été occis, celui qui a
perpétré l'homicide se retire et se réfugie jusqu'à ce que
la cause de son fait soit connue et qu'il en ait obtenu grâce
et rémission (1). » Les habitants prétendaient que, « de toute
ancienneté et par temps immémorial, leur a compété et appartenu le droit et autorité de recevoir en liberté et franchise
tous habitants du comté de Bourgogne ayant, par hasard et
non malicieusement, commis cas d'homicide (2). »

On s'est demandé et on se demande encore qu'elle a pu
être l'origine d'une institution qui, pour n'être pas immorale,
n'en est pas moins singulière. Sans la faire remonter, comme
les *Statuts* de la ville, à la judicature de Josué et à l'établissement des villes de refuge des douze tribus d'Israël qui
devaient admettre « *quicumque animam percussisset nes-
cius* », on peut croire qu'il est fort ancien dans la ville.
M. Marlet veut qu'il soit « contemporain des compositions
pour meurtres et blessures en usage chez les Germains »,
et l'abbé H. Grosjean pense qu'il faut le rattacher à la *trève*

___

(1) *Arch. d'Ornans.* — « *Formes et statuts de la police et gouvernement des Ville, Chasteau et Communauté d'Ornans nouvellement re-
cuillys, réformez et augmentez en l'an de Nostre Seignr. Mil six cents
deux,* » manuscrit in-4° rédigé en 1665, tit. 9°, art. 1. Ces statuts ont succédé à d'autres auxquels il est fait fréquemment allusion dans plusieurs de
leurs titres.

(2) *Arch. d'Ornans, anc. invent.,* n° 370. — « *Requête à l'empereur
Charles-Quint.* » — On lit dans le *Rentier de la seigneurie d'Ornans*
(1577), aux mêmes archives : « Lesquels habitants ont droit et autorité de
» recevoir aud. Ornans en franchise ceux qui pour cas fortuit auroient
» commis homicide par accident ou par aultre inconvénient, méritant grâce,
» de les recevoir aud. Ornans en leur franchise et liberté, par concession à
» eux donnée par les comtes de Bourgogne sans que lesd. reçus en fran-
» chise aient droict ni autorité entrer au château dud. Ornans et halles,
» fours, moulins et rivière banale appartenant à Sa M. à peine d'y estre
» pris et detenus. »

de Dieu. Nous ne pouvons nous rallier ni à l'un, ni à l'autre de ces systèmes, ni, par conséquent, en accepter les conséquences chronologiques [1]. Le droit d'asile ne saurait provenir du *wehrgeld,* parce que cet usage n'était pas admis par la loi des Bourguignons, qui ordonnait que le sang de l'homicide serait répandu et ne l'admettait pas à composition [2]. Eût-il, d'ailleurs, été admis par cette loi, qu'il ne s'appliquait qu'à l'homicide volontaire et non à l'homicide « casuel, fait et perpétré casuellement et sans volonté préméditée, ni intention d'occire [3] ». Il nous semble tout aussi difficile de le rattacher à la *trêve de Dieu ;* l'abbé H. Grosjean lui-même n'y a pas réussi.

Pour nous, le droit d'asile n'est qu'une forme particulière de la bourgeoisie d'Ornans, forme qui s'y est établie, comme cette bourgeoisie elle-même, à une époque qui, vraisemblablement, ne pourra jamais être déterminée. Ce qui prouve bien notre dire, c'est que la requête du réfugié admise « par le juge de la prévôté et les prudhommes et jurés de la ville », il verse « pour les habitants, réellement et de fait dix florins », c'est-à-dire précisément la somme qui était imposée à tout nouveau bourgeois ; qu'il « prête serment aux saints évangiles de Dieu d'estre bon et léal sujet de Sa Majesté et de la ville d'Ornans, se constituant pour ce homme, sujet et bourgeois de ladite ville » ; c'est enfin que reconnu bourgeois il « est en sureté de sa personne dans la ville et tout le territoire, peut y vaquer et négocier à ses négoces et besognes et y vivre sincèrement, paisiblement et gracieusement. » Cette bourgeoisie est, d'ailleurs, bien distincte de la bourgeoisie ou commendise du château d'Ornans, puisque celui qui est admis à en jouir est prévenu qu'il ne doit pas entrer

---

(1) V. MAILLET, *Eclaircissements historiques sur le titre de Franche-Comté,* p. 130 ; et H. GROSJEAN, *Le droit d'asile à Ornans,* in *Ann. Fr.-Comté,* t. VII, p. 403 ; t. VIII, p. 261 ; et t. IX, p. 259.

(2) V. Ed. CLERC, *loc. cit.,* t. I, p. 99 et 100.

(3) *Arch. d'Ornans, Formes et statuts,* tit. 9e, art. 3.

« aux chasteau, halles, fours, moulins et rivière banale appartenant à Sa Majesté, à peine d'y estre pris et détenu ». Elle n'est que temporaire. Le magistrat fixe au réfugié un temps pendant lequel il « doibt obtenir des lettres de grâce, et, si le terme est reconnu insuffisant, la ville se réserve la faculté de le prolonger. » Il va sans dire que si le réfugié ne s'occupe pas d'obtenir sa grâce pendant le temps fixé, ou ne peut y parvenir, on le chasse de la ville laquelle on n'entend pas peupler « de tels reprochables habitants (1) ».

Cette sorte d'*habeas corpus*, dont paraissent avoir joui, mais dans une mesure beaucoup plus restreinte, les autres villes domaniales de la Franche-Comté, prêtait à de graves abus. L'étude des documents y relatifs permet de constater que l'asile fut souvent accordé à d'autres homicides que les homicides involontaires et que le bénéfice en fut continué au delà du temps le plus invraisemblable (2). Mais, même en cas d'abus, il atteignait son but qui était de mettre un terme à l'usage des vengeances privées, si fréquentes à toutes les époques où la justice est mal administrée. Le magistrat d'Ornans avait donc raison de protester, en 1555, contre le reproche d'immoralité que le procureur général du parlement faisait au droit d'asile. « Loin d'être immo- » rale, disait-il, cette institution est très utile et M. le Pro- » cureur général sera de cet avis, s'il considère le bien qui

---

(1) *Arch. d'Ornans, anc. inv.*, n° 370. — « *Premières écritures contre le Procureur-général.* »

(2) Des gredins finissaient par élire domicile à Ornans et y faire souche de mauvais drôles. On lit dans le *Livre des délibérations du conseil de 1623* que le nommé Anatoile Besse, petit-fils d'un réfugié des mêmes nom et prénom que lui, et sa femme, font de leur maison un mauvais lieu, où l'on joue, où l'on s'enivre et où l'on reçoit des femmes débauchées. Besse fit si bien qu'après avoir passé près de deux ans en prison et avoir été fustigé par le grand-maître de la haute justice du parlement, il fut, le 14 mai 1627, condamné par le siège d'Ornans au bannissement « avec interdiction de se » retrouver sur le territoire du Comté, à peine de la hazt et être pendu et » étranglé tant que mort s'ensuyve. » (*Délib. du conseil de 1629.*)

» souvent en est résulté, à savoir que d'un homicide et in-
» convénient, il n'en est résulté un ou plusieurs autres,
» comme il est de soi assez colligible (1). » Menacé une
première fois en 1555, le droit d'asile courut de nouveaux dangers en 1658. Le magistrat fit alors placer, à toutes
les avenues de la ville, des poteaux aux armes du roi d'Espagne et comte de Bourgogne « à l'effet de la conservation
de l'asile de la ville (2) ». Les faits qui constatent l'exercice
de ce droit aux XVI° et XVII° siècles sont très nombreux (3).
Il a disparu avec la deuxième conquête française (1674).

D'après une tradition locale, le réfugié devait venir toucher
le piédestal d'une croix qui avait été érigée au bas du *Pont-
Dessous*. Cette croix, transférée plus tard devant la *Chapelle
de Saint-Claude* (Chapelle de la Confrérie la Croix), a disparu pendant la tourmente révolutionnaire. Son ancien piédestal sert, depuis cette époque, de colonne de soutènement
à la *galerie* d'une maison située sur la rivière.

---

(1) *Arch. d'Ornans, anc. inv.*, n° 370. — « *Secondes écritures contre
le Procureur-général.* »

(2) *Ibid., Délib. du conseil de 1658.*

(3) V. l'abbé H. GROSJEAN, *loc. cit.*, t. IX, p. 423, et t. X, p. 39.

TABLE DES MATIÈRES

ORIGINE ET PÉRIODE PALATINE

PÉRIODE DUCALE (1384-1493)

PÉRIODE ARCHIDUCALE (1494-1566)

Besançon, imprimerie Dodivers.

www.ingramcontent.com/pod-product-compliance
Lightning Source LLC
Chambersburg PA
CBHW052058270326
41931CB00012B/2810